JN014791

「繁忙期」でも
やりたいことを諦めない！

税理士のための
業務効率化
マニュアル

仕事のやり方を変えて、
使える時間を手に入れる！

税理士 **井ノ上 陽一** 著

第一法規

はじめに

「繁忙期は好きですか？」

繁忙期が好き、忙しいのが好き、仕事をしているときだけが幸せ。
本書は、そのような方々のお役には立てません。

私は繁忙期が嫌いです。

税理士に繁忙期はつきものかもしれません。
しかし、それでも、繁忙期を否定したいのです。
繁忙期があると、売上は増えるかもしれませんが、時間がなくなります。

税理士業の繁忙期は、12月から3月、ときには12月から5月。
つまり1年のうちの半分が繁忙期となってしまいます。
そして、「10月から繁忙期」、「夏まで忙しい」となると、12か月、1年中繁忙期です。
繁忙期というよりも繁忙人生となってしまうでしょう。

私は税理士業が大好きですが、それ以外にも大好きなことがたくさんあるのです。
税理士業だけで人生を終えたくありません。

人生に2周目があり、そこで別の人生を歩めるなら別ですが、そう

ではない以上、このたった1度の1周目にすべてを楽しむ必要があるのです。

　繁忙期を嫌う理由はもう1つあります。

　私が7歳の時に、税理士の祖父が66歳で亡くなりました（事務所は消失）。

　当時は、繁忙期に家族総出で仕事をしていたそうです。

　幼少の頃からそう聞いていた私は、それでも税理士をやってみたいなと思いました。

・興味があった数字を使う仕事
・自宅または自宅近くで仕事ができる

　そして、なによりも

・独立できる仕事

　といった理由があったからです。

　税理士を目指したときも、繁忙期は不安要素でしたが、当時得意としていたパソコンやITを駆使すればなんとかなるはずと思っていました。

　その後、税理士事務所に勤めながら資格をとり、独立し、実際に現在繁忙期をつくっていません。

　独立した当初は、母や叔母から、「大丈夫？」「忙しくない？」「体に気を付けて」と連絡をもらっていました。

　繁忙期はないことをわかってもらうのに数年かかりましたが、今ではわかってもらえています。

　「今はパソコンがあるから大丈夫」「やりようがある」「3月に忙しい

時代はもう終わっているよ」と言いつつ、

・繁忙期でもブログを毎日書いている

・繁忙期でもマラソンやトライアスロンに出ている（税理士の友人 と3月11日にフルマラソンに出たこともあります）

・繁忙期でも旅行に行っている（2011年はバルセロナへ）

・繁忙期でも娘と遊びに行っている（娘の誕生日は3月12日）

といった姿を見せていたこともあり、安心してもらえました。

　税理士業の繁忙期は、祖父の仇とさえ思っています。

　繁忙期がなければ、もっと長生きしたかもしれません。

　私が長生きするかどうかは別として、繁忙期に屈するわけにはいかないのです。

　そんな思いで、繁忙期をなくすべく戦ってきました。

　その過程でつちかった効率化ノウハウは、ブログ、メルマガ、YouTube、セミナー、コンサルティングなどで提供してきています。

　さらに体系的にまとめたのが本書です。

「繁忙期は好きですか？」

　あなたがもしそうではなく、自分の人生を楽しむために繁忙期をなくしたいなら、本書をご活用いただければ幸いです。

　次の繁忙期こそ、なくしましょう。

2022年7月　税理士　井ノ上　陽一

「繁忙期」でもやりたいことを諦めない！
税理士のための業務効率化マニュアル

仕事のやり方を変えて、**使える時間**を手に入れる！

目 次

はじめに

第6章 　繁忙期前に計画しよう

第7章 　繁忙期前にITへ投資しよう

第8章　繁忙期前にソフトを導入しよう

第9章　繁忙期をなくすためにスキルを磨こう

第10章 12月は、年末調整を仕上げよう

第11章 1月は、確定申告を始めよう

第 1 章

繁忙期対策は、
9月から11月で決まる

1．9月から11月が勝負

本書は、繁忙期をなくしていただくために書きました。

繁忙期をなくすために必要なのは、

・覚悟

・計画

・準備

です。

これらを9月から11月、つまり、繁忙期を迎えるまでに日々取り組みましょう。

繁忙期をなくすことができれば、効率化スキルも身に付きます。

一生使えるスキルです。

本書は次のような構成になっています。

・覚悟について

第2章　繁忙期をなくすメリットを確認しよう

第3章　繁忙期がない人生をイメージしよう

第4章　繁忙期をなくす覚悟を決めよう

第5章　繁忙期をなくすためにやめよう

・計画について

第6章　繁忙期前に計画しよう

・準備について

第7章　繁忙期前にITへ投資しよう

第8章　繁忙期前にソフトを導入しよう

第9章　繁忙期をなくすためにスキルを磨こう

第2章から第9章までが、9月から11月に行っていただきたいことです。

この3か月に集中して取り組みましょう。

（第9章で取り上げるスキルは11月以降も引き続き磨いていただければと思います）

12月は年末調整、1月は給与支払報告書・法定調書・償却資産を早めに終え、確定申告を始める時期です。

第10章　12月は、年末調整を仕上げよう

第11章　1月は、確定申告を始めよう

そして、2月、3月は、おだやかに過ごしていただければと思います（**第12章　2月・3月も楽しもう**）。

11月までが勝負ですので、本書をお手に取っていただいたときから一読していただき、改革を進めていきましょう。

11月以降にお手にとっていただいた方は、できることだけ取り入れていただき、その次の繁忙期から本格的にお役立ていただければと思います。

繁忙期をなくすには、それぐらい11月までが大事なのです。

なお、「繁忙期」の定義は、それぞれあるかと思いますが、本書で

は、2月から3月の確定申告期間を「繁忙期」と位置付けております。

　その後、3月決算→5月申告まで繁忙期が続いているケースもあるかと思いますが、確定申告がスムーズに進めば、その対策にもなると考えているからです。

2.　雇っている方へ

　組織の場合、ご存じのとおり、トップ次第です。

　トップの方が、どれだけ本気で繁忙期をなくしたいかで決まります。

　私は人を雇っていません。

　人を雇うということは、その人の人生を預かるということ。

　すばらしいことであり、尊敬します。

　しかしながら、繁忙期がある状態とは、その預かった人生を犠牲にしているということではないでしょうか。

　給料を多く払えば済むといったことでもなく、もし十分に報酬を払っていないならなおさらです。

　覚悟を持って繁忙期をなくしていただければと思います。

　第4章の覚悟、第6章の計画は、トップの方にしかできないことです。

　反対もあるでしょうが、それも覚悟次第。

　やらなくていいことを手放し、仕事量を減らしていかなければ、繁忙期はなくなりません。

　成長して拡大していく道もあるでしょう。

　しかしながら、人の犠牲のもとの拡大は、望まれることではないはずです。

　今一度、足元を固め、守りを強めてから拡大をしてもいいのではないでしょうか。

　人は定着しているでしょうか？
　繁忙期があれば、人が辞める
　繁忙期があれば、人がこない
のは当たり前です。

　そういった職場には、私は、絶対に勤めません。
　どんなにお金を積まれても。

　人を大事にするなら、残業代ではなく、時間をつくりましょう。
　お金も大事ですが、時間も大事です。
　ちょっと前ならあった社員旅行、飲み会（慰労会）などいらないのです。
　それをするくらいなら、早く帰らせてくれと思います。

　そして、人が辞める理由は、やはり人間関係です。
　ただ、その本当の理由を誰も言いません。
　広いとはいえない税理士業界でしこりを残してもしかたがないからです。
　人が辞めた時に、「最近の若いもんは」「ダメなやつ」と思わずに、「うちに何か問題があるのではないか」と考えてみてはいかがでしょ

うか。

　組織の効率化も例外ではなく、効率化には、個のスキルが欠かせません。

　管理することをなくし、個性を活かしましょう。

　チームワーク、結束、仲良くするだけでは組織のメリットは活かせません。

　標準化という名の枷を付け、監視し、個性を摘み取ることは組織にとってのデメリットでもあります。

　もっと信用して、好きにさせてみてはいかがでしょうか。

　効率化の鍵となるITについては、率先して取り組まれていることかと思います。

　効率化はITスキル、現場の知識、権限が必要です。

　外注するとうまくいかないことが多いのは現場を知らないからです。

　内部で現場を知っている人が効率化を進めましょう。

　ただ、内部で効率化を進めるときに問題となるのは権限です。

　しかるべき方に本書をご一読していただき、IT担当者を採用または育成し、権限を与えてみていただければと思います。

　ITで繁忙期はなくせる時代です。

　そしてテレワーク（リモートワーク）。

　新型コロナウイルス感染症などのことを考えると、導入すべきものですが、現状そうなってはいません。

　テレワークは非効率という声もありますが、当然です。

　これまでの仕事のやり方とはまったく違います。

　日々鍛錬していかないと効率は上がりません。

　貴重な人材に定着してもらい、新たな人材を採用するためにもテレワークは欠かせませんし、テレワークをしていないことが恥ずかしい時代となっています。

　テレワークに反対する方もいらっしゃるでしょうから、どちらをとるかはご自身次第です。

　テレワークだと管理ができないと思われるかもしれませんが、そもそも人が人を管理することはできません。

　目の前で仕事をしていてもサボる方法はいくらでもあります。

　むしろ、目の前でなくても、真剣に仕事に取り組む姿勢、取り組みたくなるような仕事が必要ではないでしょうか。

　紙をなくす、ITを導入する、オンラインで仕事をするなど、テレワークを進めることは、繁忙期をなくすことにつながります。

　本書のノウハウは、繁忙期をなくすことでもあり、テレワーク＝場所にとらわれない仕事が前提となっていますので、ぜひとも導入してみていただければと思います。

　「人を雇っていないやつに何がわかる」と思われるかもしれません。

　たしかに私にはその気持ちはわかりませんが、それは逆もしかりです。

　人を雇わない道は、決して楽ではありません。

　仕事も責任もすべて自分。

嫌な仕事を押し付けることもできませんし、営業も経理も税理士業もすべて自分が担当です。

　サボれば収入が減りますので、気が休まる暇もありません。

　それ相応の覚悟を持って人を雇わない道を選んでおります。

　人を雇っている皆さまもまたそれ相当の覚悟を持ってその道を選んでらっしゃるかと思いますので、それぞれの立場を尊重し、繁忙期をなくす=効率化を実現できればと思い、本書を書かせていただいております。

3.　雇われている方へ

　雇われている方で本書を手にとっていただいた方は、
　・独立を考えている方
　・独立を考えていない方
どちらの方もいらっしゃるでしょう。

　独立を考えている方は、繁忙期をなくすのはかんたんです。
　独立すれば繁忙期はなくなります。
　少なくとも繁忙期をなくす可能性は高まるものです。
　繁忙期前に独立するもよし、本書のノウハウを試してから独立するもよし。
　ただし、独立してまで繁忙期にならないように気を付けましょう。

　税理士として独立予定で、まだ資格をとっていない場合は、なおさ

ら、繁忙期をなくしたいものです。

　繁忙期があると試験に合格できません。

　私が税理士試験に合格できたのは、繁忙期がない事務所を選んだからです。

　多少いろいろありましたが、繁忙期がないことを確認してから入りました（それでも嫌味は多少言われましたが）。

　勉強ができない期間が、3 か月、つまり 1 年の 4 分の 1 もあったら、合格確率が下がるのは当然です。

　自分の人生を繁忙期でふいにしないようにしましょう。

　繁忙期をなくす努力をしつつ、転職も視野にいれておくべきです。

　職場のルールで、どうしようもないことも多いものですが、ルールとして機能していないもの、慣習や前例ならくつがえすことはできます。

　自由のために戦い続けましょう。

　第 6 章の仕事のリストアップは、雇われていても有効です。

　リストアップし、仕事を確定しましょう。

　仕事をこなせばこなすほど仕事が増えていくような状況だと、繁忙期はなくなりませんし、なくすモチベーションも失います。

　場合によっては「大変」「終わらない」という演出も必要です。

　仕事の改善はこっそりとやり、時間をつくっていきましょう。

　おすすめは Excel、プログラミングです。

　Excel さえあれば、あとは無料で効率化ができます。

そして、繁忙期であろうと、定時で帰る、残業しない、休日出勤しないと決めましょう。

　手当がないなら、仕事をする必要はありません。

　仮に手当があり、給料が増えるとしても残業しないようにしましょう。

　その誘惑に打ち勝たないと繁忙期はなくなりませんし、今後の人生も変わりません。

　ITの導入も雇われている立場ではコントロールできない範疇です。

　それでも事あるごとに要望を出して、諦めないようにしましょう。

　どうしてもだめなら、自腹ででも導入したほうがいいです。

　私は、自分のパソコンを持ち込んでいたこともあります。

　トップや上司が繁忙期を本気でなくそうとしなければ、繁忙期はなくなりません。

　繁忙期があり、効率化できていない（今後も効率化できそうもない、しようとしない）、紙だらけ、テレワークが導入されていないなどというところは、次の繁忙期前または繁忙期後に辞めましょう。

　雇われているうちは、できることに限りがあります。

　ただ、その制約の中で工夫することは、今度に活かせるものです。

　転職や独立も視野にいれ、個のスキル、自分が持ち運べるスキルを身に付けておきましょう。

第2章

繁忙期をなくす
メリットを確認しよう

1. 仕事の質が上がる

　本書を手にとられた方なら仕事の質を上げる、よりよいサービスを提供したいと日々考え、行動していらっしゃるでしょう。

　しかしながら、繁忙期はどうでしょうか。

　なんだか落ち着かず、それどころではないのではないでしょうか。

　繁忙期をなくすことのメリットは「落ち着く」ということです。

　繁忙期は、落ち着きません。

　また繁忙期が来る……と考えるだけでも、落ち着かなくなるのではないでしょうか。

　繁忙期が楽しいという場合もあるかもしれませんが、繁忙期になるとやはり落ち着かないものですし、無事に終わるのかという不安もあります。

　私の好きではない言葉に、「税理士の正月は6月だ」（繁忙期が5月末まで続くため）というものがあります。

　いつまでもそれでいいのでしょうか。

　繁忙期が終わるまで、遊べないわけですから。

　仕事のために冬の趣味（私であればマラソン）をやめなければいけない。

　はたしてそれはいいことなのでしょうか。

　落ち着いた人生、おだやかな人生を目指しましょう。

　そして、繁忙期をなくし、落ち着いて仕事をすることで、仕事の質が上がるものです。
　仕事をあわただしく右から左に片付けていっても、仕事の質は上がりません。
　繁忙期とは、まさにこの「あわただしさ」です。

　確定申告書をあわただしく片付けていっても、仕事の腕を上げる経験値を得ることができるわけではありません。

　仕事をこなせば経験値になり得るものですが、そのこなし方にもよります。
　何も考えずに作業的にやっていたとしても、確定申告書をいくらつくっても、会計ソフトの入力が速くなったとしても、さほど経験になりません。

　繁忙期があるとひとりひとりのお客様と向き合って考えることもできなくなります。
　つまりサービスの質が落ちるということです。

　ご自身が仕事を依頼した方が、右から左へあわただしくその仕事をしていたら、いい気分はしないでしょう。

　繁忙期をなくすのは、自分だけのためではなく、お客様のためにも

大事なことです。

　「お客様のために」という大義名分をかかげ、「仕事の質を上げるため」に効率化しましょう。

　繁忙期をなくしても、
　　・問い合わせに対応する
　　・相談があれば、話をじっくり聞く
　　・仕事は丁寧に仕上げる
　ということが無理なくできる状態にしておきたいものです。

　「繁忙期だから」という言い訳で、既存のお客様、繁忙期の新規のお客様への仕事の質を下げてはいけません。

　そして、繁忙期がなければ、思う存分勉強ができます。
　その勉強こそ、仕事の質を上げるものです。
　繁忙期である数か月勉強をしない状況が続き、その後もそれがずっと続くようでは、当然、仕事の質は下がります。
　日々勉強するためにも繁忙期をなくしたいものです。

　自分のために、そして何よりもお客様のために繁忙期をなくしましょう。

2.　時間ができ、人生の自由度が上がる

　繁忙期がなくなると、時間ができ、仕事、時間、そして人生の自由度が上がります。

　繁忙期があると、例えば税理士業で法人のお客様の仕事が満足にできないということになります。

　聞く話によると、その時期は試算表を出すのが遅れるとのこと。

　あってはいけないことです（試算表自体がよいとも思いませんが）。

　税理士は、

・先生だから、しょうがない

・税理士を変えるのが面倒くさいからしかたがない

・税理士先生は忙しいから

と許され、大目に見ていただけることが多いもの。

　しかしながら、そこに甘えていてはいけません。

　どんな時期でも仕事・お客様に向き合える、いろんな仕事ができる、他の仕事ができるという自由度を持ちたいものです。

　もちろん、仕事以外、例えば、プライベートや家族とのイベントというのもあります。

　「1月から3月は繁忙期だから遊べないよ」とあらかじめ言っておけば家族は納得してくれるかもしれません。

　うちの娘も「別にいいよ」と言うかもしれませんが、私が嫌なので

す。

　冬でも、試してみたい新製品は出ますし、行きたいところもありますし、冬のスポーツ＝マラソンもやっています。
　夏のスポーツであるトライアスロンも冬でもサボることはできません。
　繁忙期がなければ、そういったことを楽しむ自由度があるのです。

　繁忙期が終わるまで我慢するということは避けましょう。
　繁忙期がどのぐらいの期間かによりますが、例えば繁忙期が3か月だとしても、かなり長い期間です。

　人生の中で1年のうちの3か月つまり4分の1が仕事だけになってしまいます。
　その期間が4か月（3分の1）、6か月（2分の1）になっているケースもあるでしょう。
　それでいいのでしょうか。

　もちろん仕事は楽しいものですし、仕事だけの人生も楽しいかもしれませんが、仕事以外にも、楽しいこと、やりたいことはあるでしょう。

　そうしているうちに、歳をひとつずつ重ねていくわけです。
　私も歳を重ねるにつれて、モチベーションは落ちていないつもりですが、10年前とモチベーションが同じかといわれると、そうではあり

ません。

　やりたいことを前倒しでやっておきたいものです。

　自分のモチベーションが高いとき、体が動くときに、やっておかないと、やらないまま、人生が終わってしまいます。

　人生の自由度を上げるためにも繁忙期をなくしましょう。

　繁忙期でも私は法人顧問、相続、執筆や講演、コンサルティングの仕事を受けています。

　この時期は、税理士へ仕事を依頼しても断られることが多い、または、依頼しにくいそうです。

　2022年1月末も講演の仕事がありました。

　「繁忙期はありません」と手を挙げておけば、新たな仕事が生まれるものです。

　本の仕事も1月や2月にご依頼いただけることがよくあります。

　繁忙期があったら、そのチャンスを逃すかもしれません。

　「3月中旬以降なら」「4月なら」と言っていると、仕事の依頼をいただけなくなる可能性があります。

　それくらい厳しい世界です。

　友人関係も同様で、せっかくの誘いを断らざるを得ないこともあるでしょう。

　税理士の友人なら、お互い「確定申告明けに」と言うかもしれませんが、税理士以外であれば、通用しません。

また自由度がないと、家族が病気になったり、怪我をしたりしたときにも対応できません。
　大事な人に何かあったときに、繁忙期だからといって駆け付けられないということがあったらどう思うか。

　そう考えておくと、常に時間を空けておく・常に動けるようにしておきたいものです。
　2021年の年末年始は、母が入院していたので、実家にずっと帰っていました。
　そういうことができるのも繁忙期がないからではありますし、どこでも仕事できるからというのはあります。
　時間を空けておくに越したことはありません。

　お金はもう十分お持ちではないでしょうか。
　これからは時間に意識を向けてみましょう。
　人生がより楽しくなります。

3.　効率化スキルが身に付く

　繁忙期をなくすには、効率化が欠かせません。
　別の視点から考えると、繁忙期をなくすことによって効率化スキルが身に付くのです。

　繁忙期をなくすことができても油断はできません。
　仕事は増えるものです。

　効率化スキルがなければ、再び繁忙期になります。

　私は、「次の繁忙期をなくす」だけではなく、中長期的に、持続可能な効率化を目指していただきたいという思いで本書を執筆しています。

　虫歯は、その場しのぎで治療しても、歯を磨かなければ、また虫歯になるでしょう。
　効率化もそうです。
　その場しのぎで仕事をこなし、繁忙期を仮になくすことができても意味がありません。

　根本治療、歯を磨く習慣に該当するような効率化スキルを手に入れましょう。
　本書では、本質的な効率化スキルをお伝えします。

　しかしながら、その道のりは、かんたんではありません。
　特に次の繁忙期をなくす今が最も大きな負荷がかかるときです。
　ただ、負荷なき鍛錬は、成果につながりません。

　つらいかもしれませんが、次の繁忙期となり得る時期まで、なんとかふんばっていただければと思います。

　税理士のスキルを身に付けることはかんたんではなかったはずです。

効率化スキルも同様にかんたんではありません。
全力で取り組んでみましょう。

第3章

繁忙期がない人生を
イメージしよう

1. 繁忙期後の理想の人生を先取りする

繁忙期がなくなったらどうするか、何をしたいか。
それらを言語化しておきましょう。

さらに、おすすめなのは、
・繁忙期がなくなったらこれをやろう
・繁忙期がなくなったら始めよう
・繁忙期がなくなったら増やそう
ということを、少しでもいいので今からやることです。

「そんなこと無理！」と思われるかもしれませんが、繁忙期がなくなったら……と考えていることを、この部分を読んだ日から3日以内にやってみましょう。

例えば、旅行に行きたいと思ったら、具体的に検索します。
買いたいものがあれば、実物を見に行く、調べてみるということをやってみましょう。
何かを始めたければ、それをちょっとでも始めます。

繁忙期をなくさざるを得ない状況に持っていくのです。
「繁忙期がなくなったら〜」と願うだけでは甘く、繁忙期はなくなりません。
今までがそうだったでしょう。

　多少ピンチになったくらいが、考え、動きます。
　ピンチにならないと人は変わりません。

　そのピンチを自らつくりだして、「繁忙期をなくす！」という火を自らに付けましょう。

　繁忙期中に予定を入れる、繁忙期中に約束する、繁忙期に向けて買ってしまうというのもおすすめです。
　私は、こういったことをするようにしているので、繁忙期をなくさざるを得ません。

　2007年に独立し、まだ繁忙期が多少あった2011年は、バルセロナ旅行に行きました。
　3月5日から3月10日です。
　あえて、この時期に予定を入れました。
　そうしたことにより、確定申告の仕事を早めに始め、効率化スキルも磨くことができたのです。
　私にとってはターニングポイントでした。

　繁忙期明けまで我慢することはもうやめましょう。
　打ち上げもお疲れ様会も必要ありません。
　自然体で仕事をしましょう。

　繁忙期とされる時期は、イベントも多い時期です。
　それらをまず先に楽しんでしまいましょう。

楽しめば楽しむだけ、繁忙期をなくすモチベーションがあがります。

2. 繁忙期以外に税理士業を増やす

繁忙期がなくなったら、税理士業の仕事を増やすという選択肢もあります。

ただし、繁忙期以外の時期で、繁忙期にならない程度でということです。

繁忙期をなくして、同じ時期の仕事を増やしてもまた繁忙期になってしまいます。

繁忙期の仕事を入れ替えるならまだしも、それでは意味がありません。

例えば、繁忙期をなくして法人顧問を増やすということもできますし、繁忙期をなくして資産税の仕事をいつでも受けられるようにしておくということもできます。

繁忙期があると、資産税の仕事を受けることも難しくなるものです。

自分がぜひとも受けたい仕事であり、条件がよく、お手伝いしたい方からの依頼があっても、繁忙期があったら快く受けることができません。

繁忙期という理由で断ったり、後にずらしたりしなければいけなくなります。

繁忙期をなくし、時間を空けていても、仕事の依頼をいただけない

こともありますが、仕事の依頼があってから時間を空けることはできません。

　事前に時間をある程度は空けておくことが大事なのです。

　時間を空けた後に仕事の依頼がなくても、やるべきことはやまほどあります。

　むしろ、ここぞとばかりに、やりたいことをやりましょう。

　仕事を圧縮しておくに越したことはないのです。

　先に繁忙期以外の仕事を増やしていきましょう。

　例えば、法人顧問のお客様を増やすのです。

　そうすれば、繁忙期の仕事を減らしやすくなります。

　繁忙期に偏っている仕事、売上を平準化するのです。

3.　思いっきり勉強する

　時間を自分の勉強のために使いましょう。

　繁忙期があったら、勉強が途絶えてしまいます。

　勉強のモチベーションが下がり、仕事だけの毎日になってしまうのです。

　ここでいう勉強とは、税理士会の研修だけではありません。

　・自分が勉強したいこと

・自分が楽しめること
・お客様の役に立つこと
を勉強しましょう。
営業の勉強、効率化の勉強も欠かせません。

そもそも税理士は、勉強が好きなはずです。
勉強して、己の腕を磨いていくことに喜びを感じるでしょう。
その喜びが繁忙期に奪われるのです。

また、仕事の質をあげるために勉強したいことがあっても、繁忙期があると勉強できなくなります。
繁忙期を言い訳にしていると、仕事の質を上げることができません。
結果的に食べていけなくなります。

1年のうち、3か月、勉強が遅れていたら、他の税理士と大きな差が付きます。
または、差が縮まるでしょう。
私は、毎年、「同業他社より3か月勉強できた」とほくそ笑んでいます。

2022年の1月から4月まで、とあるセミナーに行っていました。
毎日課題を出されるセミナーです。
私は、誰よりもその課題に取り組みました（いいかどうかは別として）。

　それなりに時間がかかる課題でしたので、もし繁忙期だったら、この課題はできなかったでしょう。

　途中で離脱した方も実際いました。

　仕事が忙しくて……ということです。

　やはりこれは、悲しいことでしょう。

　独立後、せっかく思う存分、自分が好きな勉強ができるのに、繁忙期があるとできなくなります。

　繁忙期前から勉強の習慣を身に付けましょう。

　私は、毎月、

・30冊以上の読書

・自主セミナーの開催、2, 3回

・コンサルティング

・アウトプットとしての勉強（ブログ、メルマガ、YouTubeなどの
　更新）

を習慣にしています。

4.　趣味を楽しむ

　繁忙期をなくすために、趣味をつくりましょう。

　趣味とは、仕事以外で熱中できるものです。

　税理士は、長期間におよぶ過酷な税理士試験や、理不尽な勤務を強いられる税理士事務所・法人で、時間を奪われ、趣味を忘れてしまいます。

　それを取り戻しましょう。

「趣味に使う時間がない」と思われるかもしれませんが、趣味がないから効率化できず、時間がないのです。

結果、繁忙期になるのです。

趣味を見つけるには、
・昔やっていたことでまたやってみたいこと
・新たに始めたいこと
・これまでの生活で中断せざるを得なかったこと
などから探しましょう。

私の趣味は、
・トライアスロン（スイム、バイク、ラン）
・ゲーム（PS5、Switch、Xbox Series X）
・娘
・アニメ、漫画、プラモデル
・料理
などです。

どれもそれなりの時間がかかるもの。
だからいいのです。
時間がかかる趣味をぜひ始めましょう。
そうすれば、繁忙期をなくさざるを得なくなります。
あと何年かの税理士人生、ずっと繁忙期でいいのでしょうか？
そして、あと何年かの人生、ずっと繁忙期でもいいのでしょうか？
自分のやりたいことを犠牲にするのは、もうやめたいものです。

　自分が楽しみ、自分が満たされないと、お客様のことを考えられません。

　まず自分です。

　老後がない税理士。

　今楽しんでおかないでいつ楽しむのでしょうか。

　繁忙期ごときに人生を奪われないようにしたいものです。

　趣味をつくって、その時間を確保するために、全力で繁忙期をなくしましょう。

5.　家族と過ごす

　家族との予定を先に入れましょう。

　繁忙期前から予定を入れておくのです。

　家族とは、夫、妻、子供。そして、両親。

　両親との時間もつくりたいものです。

　私の父は2020年に亡くなりました。

　繁忙期がないので、離れていても毎年いくどとなく会うことができていました。

　父にとって最後の正月も、久しぶりに2人で映画（『スター・ウォーズ　最後のジェダイ』）も観ることができ、ある程度悔いはありません。

　繁忙期があったら、こういうこともできなかったわけです。

妻と娘とも、ほぼ毎年旅行に行き（コロナ禍以外）、誕生日を祝い、一緒に過ごしています。

　晩御飯はもちろん一緒です。

　風呂もほぼ一緒（ママがいいと言うときもあるので）。

　保育園の送り迎え、イベントもすべて参加します。

　娘の誕生日は、3月12日。

　繁忙期があったらとてもお祝いという気分にはなれないでしょう。

　2022年のその時期には沖縄に行っていました。

　食べていくには仕事をすることが欠かせません。

・繁忙期があり、ちゃんと稼げる

・繁忙期がなく、稼げない

　なら、前者を選ばざるを得ないでしょう。

　しかしながら、ここは、

・繁忙期がなく、ちゃんと稼げる

　を目指しましょう。

　家族を犠牲にし、自分を犠牲にして食べていく時代はもう終わっています。

　「これから家族を持ちたい」という方は、なおさら繁忙期をなくしましょう。

　繁忙期をなくしてから家族をつくろう、と考えているとチャンスを逃します。

6.　税理士業以外の仕事をする

税理士業以外の仕事もしたいのであれば、先に始めましょう。

「繁忙期以外の時期に」

「繁忙期が終わったら」

と考えていると、チャンスを失います。

私が税理士業以外でやっているのは、次のような仕事です。

・セミナー（自主開催）

・講演（他社開催）

・書籍、記事、Kindle執筆

・写真撮影

・個別コンサルティング

・YouTube

・ブログ

・週刊メルマガ、メルマガ税理士進化論

分野でいえば、次のようなものがあります。

・効率化

・IT

・経理

・マーケティング

・プログラミング

・話し方、書き方

・Excel

・トライアスロン

・カメラ、写真

　繁忙期があると、こういった仕事ができません。
　法人のお客様は繁忙期を大目に見てくださるかもしれません。
「あ、確定申告で忙しいですよね」
「試算表、遅れますよね」
「電話に出ることができないですよね」
などと。

　しかしそうではないお客様は、「繁忙期？　知らんがな」となるでしょう。
　それなら、頼みませんと。
　法人のお客様も、本当に都合よく大目に見ていただけるのかどうか。
「毎月顧問料を払っているのに……」と、解約も充分にあり得ることです。
　こういったリスクを考えると、やはり繁忙期をなくしておきたいものです。

　私は税理士分野に限らず持っている知識・スキルは発信しています。
　それ自体が仕事になり、仕事につながるからです。
　税理士業、顧問、確定申告だとできることに限りがあり、お役に立てるお客様の数に限界があります。
　その限界が繁忙期を生んでいるわけです。

　私が税理士業以外の話す仕事、書く仕事をしている理由は、その仕事をする時期を分散できること。多くの方のお役に立ちたい、この世に何か足跡を残したいという思いもあります。
　もちろん、税理士業に専念するメリットもありますが、そのメリットを減らしてでも、別のメリットを狙っているということです。

　税理士業以外の柱があるから、繁忙期がない
　ともいえますし、
　繁忙期がないから税理士業以外の柱を持てる
　ともいえます。

　私も、最初は、繁忙期に構わず、新しい柱を持ち始めました。
　その結果、税理士業を圧縮せざるを得なくなり、必然的に圧縮できたのです。

　繁忙期をなくしてから……と考えていると、税理士業以外の柱をつくるチャンスをうしないます。
　繁忙期がある状態から始めておきましょう。
　その柱が育ってくれば、さらに繁忙期をなくしやすくもなります。

第4章

繁忙期をなくす
覚悟を決めよう

1. 営業しなければいけない

　繁忙期をなくすには、営業をする必要があります。

　繁忙期の仕事を減らす、繁忙期をなくすということは、売上を失うということだからです。

　通常は、その分の売上をまかなう必要があるでしょう。

　営業して、繁忙期以外にも仕事を得なければいけないということです。

　税理士として、いわゆる繁忙期＝冬の時期に売上を増やすことは、それほど難しくありません。

　個人の確定申告というニーズがあるからです。

　営業をしなくても、営業力がなくても、仕事が増えていく可能性があります。

　しかしながら、それ以外の部分で仕事を得るのであれば、営業が必要です。

　繁忙期をなくす分、営業して、顧問契約や税理士業以外の仕事をしていきましょう（ただし顧問契約を増やしすぎると繁忙期になりがちですので、注意が必要です）。

　個人の確定申告は、やはり依頼をいただきやすく、増やしやすいのですが、だからといってその流れのままに増やしていると「繁忙期」になります。

　もちろん、繁忙期だけ仕事をして、あとの数か月はゆっくりできるなら、それでも問題ないでしょう。

　しかしながら、繁忙期は特に忙しく、それ以外の時期も忙しい、金太郎飴のようにどこを切っても「忙しい」のが税理士です。

　繁忙期をなくすことにより、全体の仕事のボリュームを減らしていきましょう。

　どうすればよいか考えた結果、私は税理士業と税理士業以外の仕事を柱としています。

　それ以前も、繁忙期を避けるために、法人の顧問契約をメインと考えていました。

　法人だと決算月（申告期限）が分散するので、仕事を分散できます。

　個人の確定申告は、すべて３月15日が申告期限のため、繁忙期を引き起こすのです。

　特に、事業所得の仕事を記帳代行からやっていては、到底効率化はできません。

　個人の確定申告を安易に増やすのではなく、営業力を磨いて、繁忙期にならない仕事を増やしていきましょう。

　ただ、法人の場合も12月決算や３月決算があります。

　繁忙期の要因のひとつです。

法人のお客様の事業年度をこちらの都合で変えることもできるでしょうが、私は好きではなく、やっていません（もちろん、なんとかなる範囲だからです）。

　何かしらの大義名分（お客様にとってのメリット）があるなら、事業年度を変えておきましょう。
　大義名分はつくるものでもあります。

　夏の決算なら少し値下げすることもできるでしょう。
　「6月から8月の決算なら通常より10％下げます」という戦略もできますので、そういったことも含めて営業をしなければいけません。

　税理士業の伝統的な流れ（確定申告が多い。12月決算、3月決算が多い）に任せておくと、繁忙期ができるのは当然です。

　営業力を磨くのは大変ではありますし、楽ではありません。
　しかしながら、そもそも営業力があったほうがいいのです。
　営業力があったほうが、お客様や仕事の選択肢は広がりますし、仕事を入れ替えやすくもなります。

　税理士も安泰ではありません。
　生き残るには営業力が欠かせないものです。
　今の売上が半分になっても、また増やせるくらいの自信は持っておきましょう。

　ご存じのとおり、売上があればいいわけではありません。

　電話が延々鳴り響いたり、変な経費の相談があったり、税理士業は、いろいろあるわけです。

　そこから逃れるためにも、営業力はやはり大事になってきます。

　独立当初は、営業は食べていくために必要なものだと思っていたのです。

　食べていけるようになったら、営業をしなくてよくなり、楽になる。だからこそ営業をちゃちゃっと終わらせたいなと考えていましたが、そうではありませんでした。

　ブログは独立当初から毎日書いていますが、当時は毎日書かなくてもよくなるようにしたいなぁと考えていたのです。

　しかしながら、独立して15年、5,000日以上、まだまだ書き続けています。

　書くこと、ブログが好きということもありますが、営業はずっと必要だという考え方になったからです。

　今、営業をやめても1年は食べていけるでしょう。

　しかしながらその後はわかりません。

　そのときにあわてて営業を始めても間に合わない可能性があります。

　税理士といっても、お客様がずっと続くわけではありません。

　近年のコロナ禍のように、事業自体が続けられないということもあ

りますし、お客様の気が変わることもあれば、こちらの気が変わることもあります。

　そして、お客様のために誠心誠意というスタンスで臨んでいても、食べていけるようになったら、正直ちょっと変わってしまうものです。
　今まで請け負ってきた仕事の中でできれば今後はお断りしたいと思うものがでてきたとしても、その仕事をずっと続けるべきなのか。
　それともその仕事を丁重にお断りして、他の仕事を入れるのか。
　後者を選ぶ根拠となるものは、やはり営業力です。

　仕事を減らすなら、営業力は欠かせません。

　何かしら仕事が舞い込んでくるという流れをつくりつつ、こちらからある程度仕事をつくっていきましょう。
　こういったことができると、仕事を減らす、断るということもしやすくなりますし、繁忙期をなくすということもできます。

　そもそも繁忙期以外、8か月なり9か月なりあり、そこで勝負すればいいので、本当はさほど難しいことではないのです。

　ただ、営業は、そうそう一筋縄ではいきません。
　今もかんたんと言うつもりはないですし、今は今でやはり考えて動き続けています。
　営業は、継続して取り組まなければ、うまくいかないものです。

だからこそ日々営業に取り組んでおきましょう。

繁忙期だからといって営業をやめてはいけません。

2.　仕事のやり方を変えなければいけない

繁忙期をなくすなら、仕事のやり方を劇的に変えなければいけません。

同じようにやっても、10時間かかっていた仕事が、9時間半になる程度です。

しかしやり方を変えれば、それが30分になる可能性もあります。

具体的には、データ入力をしない、ペーパーレスにする、Excelをもっと活用するなどという方法です。

「やり方を変えなければいけない」というのはかんたんではありませんが、仕事を効率化しようとするなら仕事のやり方はどっちみち変えなければいけません。

仕事のやり方を変えるという大義名分のもとに、仕事をお断りするということもできます。

「仕事のやり方を柔軟に変える」というスキルを身に付けましょう。

コロナ禍においても、このスキルはとても役に立ちました。

ただ、そうはいいつつ、税理士業は、それほど変わっていません。

変わらなくてもやはり食べていけるものです。

今回も改めて感じました。

実際には私は仕事のやり方を変えてきましたが、変えなかったら食べていけなかったかというとそうでもありません。

もし仕事のやり方を変えないと税理士が食べていけないなら、税理士事務所・税理士法人がどんどん減っているはずです。

しかしながら、そういった声は聞きません。

税理士業は、何となくやっていけるのです。

別にやり方を変えなければ食べていけないわけではありません。

ただ、食べていけていても、自分が望んだやり方で仕事をやっているか、人生の時間をちゃんと使っているかというと、そうではないでしょう。

それならば、仕事のやり方を変えたほうがいいのではないでしょうか。

仕事のやり方を根本的に変えることを覚悟しましょう。

従来のやり方の延長線上に、繁忙期のない未来はありません。

3. 仕事を選ばなければいけない

繁忙期をなくすには、仕事を選ぶ必要があります。

忙しくなるかどうかは、仕事の入り口で決まっているのです。

その入り口を整備するのが営業ではあるのですが、それでもやはりつかんでしまうことはあるのです。

　ババ抜きのような状態で、実は引いたらジョーカーということはあります。

　椅子取りゲームでその椅子に座ったら、その椅子が壊れたということもあるわけです。

　ですから仕事選びは効率化を図るうえでやはり欠かせません。

　椅子取りゲームで椅子に座るときにその椅子がちゃんと座れるものか、試しに座ってみるといったことが必要なのです。

　私はようやくこの「仕事を選ぶ」ということができるようになりましたが、今でもなかなか難しいのです。

　「お願いします」と言われたらなかなか断ることができない、紹介があったら断ることができないということがあります。

　ただ、何でもかんでも仕事の依頼を受けていたら、繁忙期はなくなりません。

　どうあがいてもこの仕事は効率化できない、どうあがいてもこのお客様は考え方が変わらない、となると、やはり繁忙期はなくならないのです。

　例えば、新型コロナウイルス感染症対策の一環として実施された確定申告の期限延長について見聞きしたのが、延長されても、結局期限ギリギリの4月15日の朝にレシートが到着したということ。

　そういうお客様が早めに資料を送っていただけるようになる確率は、ほぼありません。

人はそうそう変わらないものです。

指導（好きではない言葉です）するなど考えないようにしましょう。

このような事態を防ぐためには、そもそも最初の仕事選びのときに、

・レシートを預からない

・何日までに送ってください

ということを伝えておく必要があります。

それを受け入れていただけないお客様はお断りするしかありません。

つまり仕事を選ばざるを得ないのです。

私はネットで営業をしています。

ネットであれば、自分で仕事をお請けするにあたっての条件をある程度事前に書いておけるので、仕事の入り口の段階でフィルターをかけることができ、仕事を選びやすくなるのです。

今は、ご依頼のブレがほとんどありません。

安心して依頼を受けることができます。

自力での営業をしていきましょう。

税理士紹介会社はもちろん、紹介をすべてやめるくらいの覚悟がないと、繁忙期に仕事がどんどん増えていってしまうものです。

繁忙期の要因となり得るお客様が紹介してくださる方は、同じよう

な属性（＝困る）となる可能性が高くなります。

　それが負の連鎖になっていくのです。

　値段がそれほど高くない、特別価格のお客様が増えていくこともあるでしょう。

　仕事を入り口で選ぶというのは効率化の基本です。

　事業所得の請負をやめるという選択もできます。

　今は、こういう業務を受けるということはやっていません。

　「やっていない」とすると話が早いのです。

　「申し訳ありません。やっていませんので」と断りやすくなります。

　うどん屋で「ラーメンください」と言われても、やっていないならどうしようもありません。

　ただし、そこでうどん屋をやっていて、「ラーメンも出せるな、同じ小麦粉だし」と何となく出していると、ずっとその線引きができないまま、仕事量ばかりが増えてしまうといった事態になりかねないので注意が必要です。

　記帳代行はもうしない、せめて繁忙期の時期だけは記帳代行しないと決めるのもおすすめです。

　今、記帳代行を受けている場合は、記帳代行なしに継続できるかどうかを検討しましょう。

　記帳代行なしでもご依頼いただけるかどうかの選択を迫るぐらいのことをやらなければ、繁忙期はなくなりません。

ただし、仕事を選び繁忙期をなくすと、その分、売上が減ってしまいます。

　繁忙期の売上がなくなっても、継続できるだけのコスト構造にしておくというのは最低限必要なことです。

　繁忙期以外で十分な利益が出ていれば、それを崩せばいいのです。

　売上を減らす、自分が受け取ったお金を減らすことは、なかなかできないものですが、そこは覚悟を決めましょう。

　私も今では、売上を減らす、仕事をお断りすることを躊躇なくできるようになりました。

　「売上を減らせる」スキルを身に付けましょう。

　私は売上を減らしてでも時間を得たいと思っています。

　そう考えつつ、仕事を選ぶ覚悟をしていかないと、繁忙期はなくなりません。

　ある程度ドライな判断をする必要もあります。

　といっても、無下に断る・やめるのではなく、それなりのステップは踏みましょう。

　繁忙期に自分が苦しみながら仕事をすることをお客様が喜ぶかどうか。

　もし、私が仕事を頼んだ方が嫌々こなしていたら、嫌です。

　それなら断ってくれればいいのにと思います。

　また、本当はもうちょっと高くしたいのに、安い値段で受けていただいていたら嫌です。

　仮にこの本を書くのを、私が嫌で嫌で、「お金のためにしかたなく」「娘と遊ぼうと思っているのに本を書かなきゃいけない」と思っていたら、「えっ」と思うでしょう。

　ただ、世の中はこういうことが結構あるのです。
　嫌々なのに、何となく仕事だからやってしまうということです。

　その結果が繁忙期。
　繁忙期を本当になくしたいのであれば、繁忙期のネックとなっている仕事を思い切ってやめるしかありません。

　仕事を選ばせていただくわけです。
　税理士だからといって、公的なものとして、背負いすぎてはいけません。
　私もそうですし、皆さんもそうですが、人の子であり、感情もあります。

　独立してからは、痛みを感じるのは自分なので、仕事を選ばなければいけません。
　その岐路に立ったときに答えは明白です。
　「嫌だったらやめる」のが、お客様のためでもあるし、お互いのためでもあります。

　仕事を選ぶという、そのメンタル、テクニックを身に付けないと、繁忙期はなくなりません。

ただ、これを乗り越えれば、他の仕事でも「仕事を選ぶ」ということができるようになり、背負いすぎないということができるので、好循環が生まれます。

　一生の財産になるのです。

　この繁忙期をなくす過程の中で、本章にかかげた

　・営業力

　・仕事のやり方を変えるスキル

　・仕事を選ぶスキル

　を身に付けることを目指しましょう。

第5章

繁忙期をなくすために
やめよう

1. 繁忙期を「お客様」のせいにしない

「お客様がいらっしゃるからそういうわけにはいかない」

「お客様の都合もあるから」

「お客様のためにやめることはできない」

といった理由で、効率化が進まないこともあるかと思います。

しかし、繁忙期をお客様のせいにしてはいけません。

安易にお客様のせいにせずに、自分でしっかり考えて、自分で働きかけましょう。

「お客様が忙しいから」という言い訳も同様です。

皆さんは、何かしらあっても、優先順位が高い案件、人には、きちんと対応するでしょう。

返事をいただけないお客様ならその時点で、人間関係として好ましくありません。

「忙しいからしょうがない」「土日しかあいていないからしかたがない」のかもしれませんが、優先順位が高ければ、相手のためを思い、多少は無理をしてでも対処するはずです。

無理をしすぎてはいけないのですが、返事や仕事のスピードを早め、相手が困らないようにするでしょう。

そうではない場合、そのお客様との仕事の継続を見直したいものです。

そうしなければ、きちんと対応してくださるお客様に申し訳が立ち

ません。

「ご年配の方だから電話をなくせない」という話もよく聞きます。
　ご年配の方でもスマホは使ってらっしゃいますし、ITを日常でお使いになる方もいらっしゃいます。
　ときには、税理士よりも得意でしょう。
　こちらがなんとなく「お客様はご年配」だからということで、今までのやり方をずっと続けているというケースもあるものです。

　お客様がメールに抵抗をお持ちだろうからと、こちらが電話での対応にしていたら、逆にお客様側に「税理士は電話ばっかりで……」と思われているケースもありえます。

　「地方だから」という言い訳も同様で、「地方だから電話、紙」という思い込みはやめましょう。地方でも東京でも自分の軸をはっきりさせなければいけないのは変わりません。

　ネット営業なら、最初にこういった軸を出しておけます。
　伝えることをせずに、「お客様はこうだから」と気遣っているフリをしつつ、お客様のせいにしているというのもよくありません。
　そのお客様と話し合って、すべては言えないとしても、こちらのスタンスは伝えましょう。
　どうしても言いにくいなら、軽く聞いてみるのもおすすめです。
　例えば「メールでも大丈夫ですよ」と伝えると、それ以降はメールに変わることもあります。

どちらでもいいということは結構あるものです。

どちらでもいいことで、ある選択肢が、こちらにとって助かるなら、そうしていただいたほうがいいでしょう。

その逆もあり、お互いにとってもいいことです。

そうするためにはこちらの要望を伝えるなり、やり方を変えたい、ギリギリだと困るということを言わなければいけません。

そのお客様が「資料を出してくださるのが遅い」ときに、ちゃんと声をかけているかということです。

早く声かけるとお客様に嫌われるのではないか、せっかちと思われるのではないか。

そういう思いもあるのでしょう。

しかしながら、「いい人」を装うのは、よくありません。

それで困って、めぐりめぐって繁忙期ということで自分に返ってくるわけなのです。

繁忙期をなくすなら、

「資料は1月に出していただいてもいいですよ」

「完全ではなくてもいいですし、あらかたいただければ、こちらは助かります」

といったことを伝えていきましょう。

資料がすべてそろっていなくても、90%そろっていて、1月に出していただくのと、それを100%そろえて、3月に出していただくのと

どちらがいいかといったら、早い方がいいでしょう。

　多くの場合、1月は税理士側がまだ確定申告を始めていないと思われています。
　お客様側は、早めに出すと嫌われるかな、せっかちと思われるかなと、お互いがお見合いしているわけなのです。

　お互いがお見合いしているような状況なら、こちらでリーダーシップを発揮したほうがいいこともあります。
　すべてをお客様に聞いてお客様の意向に合わせる必要はありませんし、そうする意味もありません。
　何をお客様に聞き、何をこちらに任せていただくか。
　プロに欠かせない判断です。

　お客様としても決めてもらったほうがありがたいというときもあります。
　例えばご飯を食べに行くとき、「おいしい焼き肉屋があるから行こう」と言われたほうが楽な場合もあるでしょう。
　焼肉屋もあって、寿司屋もあって、中華料理屋もあって、「どれにする？」と言われたらちょっと話が長引きます。

　今日はどれでもいいというときもありますし、誰かが決めたほうが早いということもあるので、お互いお見合いしているというのはよくありません。

それをお客様のせいにして、陰で「資料が出てくるのが遅い」など
と愚痴を言うのは、よくありません。

　ましてや、TwitterをはじめとするSNSでつぶやくなんてプロとして
失格です。

　まずは、「資料を1月から出していただいてもいいですよ」と伝えま
しょう。

　ただし、前提条件があります。

　1月に自分の体が空いていなければいけないのです。

　繁忙期をなくすなら、年末調整なり、1月業務を早めに終えておく
必要があります。

　こちらが確定申告の準備が整っていなければ話になりません。

　お客様に必要な資料をすべてだしていただいたとしても、こちらで
の処理が結局3月ということになったら意味がありません。

　だからこそ1月から時間を空けておきましょう。

　私は1月初めから確定申告モードです。

　確定申告は、1月初めから3月15日までに分散しています。

　2か月に分散できるわけです。

　これが確定申告を3週間、ときには、3月になってからの2週間でま
とめて終えようとすると、それなりの負荷がかかり、繁忙期となりま
す。

　年末調整も早めに始め、10月から12月までに分散しましょう。

　年末調整で大事なのは1月に持ち越さないということです。

　どういう理由があっても、1月に持ち越さないようにしましょう。

　後の予定＝確定申告が詰まっているので、何が何でも12月に終えて12月の給料で還付しておきましょう。

　もしくは12月に年末調整の計算は終えて、1月の給料で還付するようにしたいものです。

　もしお客様が1月にどうしても年末調整したいという話であれば、交渉しましょう。

　「12月に還付したほうがいいのではないでしょうか」「年越しのときにお金があったほうがいいでしょうから」という言い方もあります。

　「年末調整の還付金は1月で返すもの」と思っていらっしゃる方もいるので、「12月に返せますよ」と伝えましょう。

　もちろん税理士側の都合で12月は忙しいからといって、年末調整を1月に持ち越してはいけません。

2.　売上を増やそうと考えない

　繁忙期をなくすと、一時的にでも売上が減ります。

　「繁忙期もなくして、売上も増やしたい」というのはなかなか難しいことです。

　「税金も減らしたい、利益は増やしたい」ということが難しいのと同じことといえます。

　一般的に、税理士は、売上を増やしてこそ成功の証と位置付けていることがありますので、繁忙期がなくならないのです。

売上を手放すことを覚悟しましょう。

少なくとも一時的に。

売上を減らすと食べていけなくなるのかかは一度計算すべきです。

繁忙期をなくして売上が減って、それで食べていけなくなるのなら、全体の売上が少なすぎるのです。

独立後の方向性が間違っている可能性はあります。

繁忙期の売上は、せめてプラスアルファという位置付けにしておかなければ、この先、大きな変化があったときに太刀打ちできません。

たとえ売上が半分になったとしても、ひとまず1年は暮らせるぐらいの余力を持っておきたいものです。

私は、売上増加を目標にしてはいませんが、繁忙期のない今のスタイルを維持して売上が増える分にはいくらでも増えてもいいと考えています。

「仕事を増やしながら売上を増やす」というのは普通です。

仕事を増やさずに売上が増えるしくみを考えましょう。

それは顧問ではありません。

顧問は「仕事を増やさずに売上を増やせるもの」「何もしなくてもいい」というわけではなく、何もしなければ解約はあり得るものです。

それでいて、顧問のお客様1件に付き、決算はあり、相談はあり、年末調整はあり、税務調査もあります。

それなりの手数はかかるものです。

　税理士の顧問報酬は、「長期間にわたって契約する」という前提で
決まっているところもあります。
　報酬に対して仕事量が多すぎるということにもなりやすいのです。

　前述の「**第3章　繁忙期がない人生をイメージしよう**」の「**6. 税
理士業以外の仕事をする**」でふれた税理士業以外の柱を持つという
ことは、仕事を増やさず売上を増やす選択肢の1つといえます。

3.　仕事をする時間を増やさない

　繁忙期をなくす過程で、仕事をする時間が一時的にでも増えるかも
しれません。
　しかしながら、仕事をする時間をできる限り増やさないようにした
ほうが、効率化は進みます。

　効率化の大原則として、仕事をする時間を増やすことは絶対にやっ
てはいけません。
　人は、時間があればあるほど、仕事に時間をかけてしまいます。
　繁忙期だからといって、普段17時まで働いている状態を、19時、
21時に延ばしてはいけません。

　繁忙期を本当になくしたいのなら、むしろ17時を16時に縮めましょ
う。
　逆にそうするくらいの覚悟は持ちたいものです。

・繁忙期は、22時まで仕事をしていい

・繁忙期は、土曜日に仕事

・GWは仕事

と最初から決めてはいけません。

　結果的に仕事の時間が増えることと、最初から諦めて時間を延ばすのとでは大きな違いがあります。

　後者だと、効率化スキルは伸びず、繁忙期はなくなりません。

　私は、繁忙期に限らず、税理士業をする日を1日減らしています。

　金曜日は税理士業禁止です。

　禁止にした当初は、多少つらいこともありましたが、今では慣れました。

　それぐらいの負荷をかけなければ、効率化はできません。

　平日が5日あると、その5日分のペースで仕事をしてしまうものです。

　ましてや7日あると考えると、7日分のペースで休みを取らず仕事をしてしまいます。

　繁忙期だからといって、仕事をする時間は絶対に増やしてはいけません。

4.　申告期限延長に頼らない

　2020年から、新型コロナウイルス感染症の影響により、確定申告

期限までに申告・納付等を行うことが困難な場合には、個別指定による期限延長が認められています。

　今後の状況の変化にもよりますが、申告期限延長には頼らないようにしましょう。

　本当にやむを得ない事情があるのかどうか。

　繁忙期でなければ、申告期限延長は必要ないはずです。

　それくらいの気概は持っておきましょう。

　延長が許される期限まで確定申告をしていては、4月以降の仕事に響きます。

　先送りでは何も解決しません。

　繁忙期があると、「申告期限が延長にならないかな」と期待してしまうかもしれませんが、その期待がよくありません。

　繁忙期をなくせば、申告期限のことなど考えなくてもよくなります。

　1月、2月に確定申告するようにしておけば、仮にアクシデントがあったとしても、十分間に合います。

　新型コロナウイルスの感染が拡大した2020年、私は確定申告業務が2月にはもうほぼ終わり、3月に1件打ち合わせがあるだけでした。

　当時の状況から、Zoomでのオンライン打ち合わせに切り替えて無事に提出、納税ができたのです。

　「早めに完了しておくのはやはりメリットがあるな」と改めて感じ

ました。

　これは、東日本大震災のとき（2011年3月11日）の教訓です。

　当時も申告期限が延長となりました。

　私は1件だけ確定申告（3月7日に受注）が残っていて、3月14日にオンライン（当時はSkype）に切り替えて、無事完了しました。

　繁忙期がなくてよかった、ギリギリに仕事をしなくてよかったという教訓が私には残ったのです。

　2011年当時からペーパーレスでしたのでオンラインに切り替えても、何も問題はありませんでした。

　提出も当然e-Taxです。

　2020年以降、世の中は大きく変わったように見えて、実はそれほどでもありません。

　むしろ元に戻った感覚すらあります。

　・ギリギリまで仕事をするとリスクがある

　・人に会うことができない状況もあり得る

　・今後も同じようなアクシデント（災害、病気、事故）はあり得る

　ということは今後も同じです。

　次の繁忙期こそなくしておきましょう。

　変わるチャンス、変えるチャンスです。

　私のように、事故にあう可能性もあります（2019年に3か月入院

しました)。

　そういったことを想定して、リスクヘッジのためにも余力を持っておく、繁忙期をなくしておくべきです。

　恐らく今後も何らかの期間延長措置はあるでしょうが、それに頼らないようにしましょう。

5.　管理しすぎない

　人を雇っている場合の管理はもちろん、雇っていない場合も、お客様を管理しすぎないようにしましょう。

　逐一管理をして、「できましたか？」「ちゃんと税金を払いましたか」と、そこまで管理してしまうと、こちらが疲弊します。

　「税金を何日までに払ってくださいね」と伝えれば、それで終わりでいいのではないでしょうか。
　「税金、払いましたか？」といったことを聞くのが親切なのか、サービスなのか。
　かまいすぎる、管理しすぎるのは、お互いにとってよくありません。
　こちらに頼りきりになってしまいます。
　もちろんそれをサービスにする方法もありますが、それをご自身が望むかどうかです。
　その管理の積み重ねが繁忙期になっています。

独立当初は、それに気が付かず、管理し、心配しすぎていました。

その結果、仕事量は増え、心理的な負担も増えていき、押しつぶされそうになったのです。

プロとして、お客様に頼っていただくというのは1つの方法ではありますが、それを望まないのであれば、一定の距離感を保ちましょう。

このあたりの緩急の付け方が大事です。

6. まとめて処理しない

仕事をまとめて処理をすると、効率的なようで、そうではない場合があります。

繁忙期でいえば、
・2月下旬は資料作成
・3月上旬はそのチェック
・3月中旬は一斉送信

のようにまとめるのは、効率がいいようで、決してそうでもありません。

確定申告書ができあがっているのに提出しないというのは意味がなく、1つずつ完結させるほうが効率的です。

e-Taxでまとめて送信といっても、それなりの手間がかかります。

期限ギリギリに送信してe-Taxの込み具合を気にしなければいけない仕事のやり方はやめましょう。

　過去、期限ギリギリにe-TaxやeLTaxのトラブルがありました。

　これは、期限ギリギリになってしまったという事情に加え、「まとめて処理」するということが原因です。

　そういったリスクもありますので、1つずつ完結させていきましょう。

　こういったときにシステムだけのせいにしないようにしたいものです。

　システムにある程度の負荷がかかるのは想定しておくべきものであり、その期限ギリギリにならざるを得なかったご自身のせいでもあります。

　効率化に欠かせないのは自責。

　「何もしていない」

　「ソフトが悪い」

　「なんで思うとおりに動かないんだ」

　とパソコンやITのせいにしていたら、効率化はできません。

　私の経験上、パソコンやITでうまくいかない場合、9割は人間のせいです。

　さらに、未完了の仕事が数多くあると、忘れるというリスクもありますし、何よりも落ち着かないでしょう。

　効率化をする上で、人間側のコンディション（落ち着いているか、焦っていないか）というのは思っている以上に大事です。

　完了できる仕事から手がけていき、完了していきましょう。

e-Taxでの提出が遅れれば遅れるほど、請求書の発行、確定申告書の控のお渡しが遅れ、3月16日以降の仕事を圧迫するわけです。

　結果、繁忙期が長引きます。

　そうならないよう、まとめて処理しないほうがいいのです。

　また、お客様のことを考えると、早く完了し、還付なり納付を終えたほうがいいでしょう。

　お客様をお待たせして、まとめて連絡をすることに意味はありません。

　その都度とまでいかなくとも、おひとりずつ早めにお伝えしましょう。

　それができないのなら、仕事量が多すぎるのです。

　お客様ひとりひとりを考えられず、「1件」と無機質に数えるようなことをしてはいけません。

　逆にそうされたらいい気分はしないでしょう。

　繁忙期の仕事、確定申告を、「さっさと終わらせたい」「まだあと○件も残っている」「○件はやっつけた」などと表現してはいけません。

7. 外注しない

　外注は便利なようで、お金だけでなく、手間もかかります。

　自分でやった方が早いことも多いです。

　外注してプロに任せたら安心というわけでもありません。

　誰が担当しているかがわからないこともあり、ミスをしている可能性もあるので、結果的にチェックに時間がかかります。

　人手がかかる仕事はなくしていきましょう。

　繁忙期をなくしたいから、
　・人を雇う
　・外注する
　というのは、1つの解決策ではありますが、その前にやるべきことはあります。

　人の力で、根性論でなんとかしようとするから、繁忙期がなくならないのです。

　しくみ、仕事量のコントロール、ITの力で仕事を効率化していきましょう。

　そうすれば、繁忙期をなくせます。

　人を雇うお金、外注するお金は、後述する投資に使いましょう。

　それからでも遅くはありません。

　税理士業だけではなく、ホームページ、営業、文章などといったことの外注もおすすめしないものです。

　自分の考えを自分の言葉で表現するようにしましょう。

8. 記帳代行しない

記帳代行、レシートの入力は、効率化に限界があります。

一定以上には速くなりませんし、間違えるリスクが高まるだけです。

レシート入力してほしいというニーズはあるでしょうが、それを
やっている限り、繁忙期はなくなりません。

記帳代行にそれほど時間はかからないとしても、例えばネットバン
クにしていただくだけで、通帳を入力する仕事はなくなるのです。

通帳を入力することを人類がしてはいけません。

その記帳代行で利益がでていればいいのかもしれませんが、そうで
はないならやめましょう。

そもそも記帳代行をするために独立したのでしょうか。

持てる知識とスキルをもっと世のために使いましょう。

税理士業特有の、いわば反比例の法則で、記帳代行で手間がかか
る場合こそ、報酬が少なくなる傾向にあります。

それをやるかどうか。

やめること、減らすことを考えないと、繁忙期はなくなりません。

コロナ禍、電子帳簿保存法の改正、インボイス制度の導入などを
大義名分にする方法もあります。

もちろん繁忙期にならない程度に、記帳代行をする方法もあるで
しょう。

　2社だけというように。
　ただしその繁忙期になっている原因が記帳代行であるなら、なくす
必要があります。

　夏頃に資料を預かって半分だけ入力することもできますが、そのと
き、そしてそれ以降の仕事にしわ寄せが来ます。
　記帳代行をなくす、少なくとも減らすというのが一番です。

　では、記帳代行の外注はどうでしょうか。
　誰かに外注することもできますが、その精度によっては、チェック
に手間がかかります。
　最適な方を見つける、維持するのもかんたんではありません。
　レシートをスキャンしてそれをデータ化してくれるサービスは、そ
れなりのコストがかかりますが、1つの選択肢ではあります。
　その場合、スキャンをこちらでしないようにしたいものです。
　記帳代行がスキャン代行になるだけになります。

　私は、そういったサービスを使いません。
　ITの進化としては、好ましい方向性ではありませんし、美しいと思
わないからです（残念ながら日本全体がその好ましくない方向性に向
かっています）。

9. 人に会わない

　人と会うのは大事。人に会いまくるべき！　といわれますが、人と会うのは非効率です。

　この「会う」には、
・会計ソフト、税務ソフト、保険会社などの人と会う
・Zoomでオンライン打ち合わせをする
・「会」に参加する
といったことが含まれます。

　人と会うのは、時間がかかるものです。
1時間、ときには2時間、半日がすぐになくなってしまいます。
だからこそ繁忙期になるのです。

　普段から気軽に人と会わないようにしましょう。
もちろん、まったく会わないというわけではありません。
仕事は人と人のつながり。
人と接せずして仕事はできませんし、食べていけません。

　大切なのは「会う」を安売りしないということです。
例えば、
・顧問契約に至るまで、無料相談を続ける
・毎月、担当者がお見えになるので、会って話をする
・営業を受けて、無下にできず、会って話をする

・近くまで来たからという人と会って話をする
・顔を出すという名目で、予定を入れすぎてしまう
ということはやめていきましょう。

その時間をどこに使うのか。
厳しく線引きしておきたいものです。
　会う必要があるのか、メールで済まないか、資料を送ってもらって読めば済むものかを今一度考えましょう。

「会う」には、オンラインで会う、Zoomをすることも含まれます。
　直接会うよりも気軽だからといって、気軽にZoomをしないようにしましょう。
　時間が奪われます。

10.　通勤しない

このコロナ禍で、通勤に疑問を持った方もいらっしゃるでしょう。

通勤で往復2時間かかっていれば、1年間に膨大な時間を失います。
　通勤中に本を読んでおけばといいという話もありますが、それならば本を自宅で読めばいいだけです。
　繁忙期になる前に通勤をなくしておきましょう。
　通勤をしないようにし、自宅で仕事ができるようにしようと考えれば、効率化を進めざるを得ません。

・税理士事務所・法人に紙がある

・税理士事務所・法人に紙が届く

・税理士事務所・法人に行かないとデータを確認できない

といったことでは通勤をなくせません。

通勤をなくしてみると、こういった問題点が明るみに出ます。

　効率が落ちるから通勤するという話を聞きますが、通勤するから効率が落ちるのです。

　瞬間移動できるなら別ですが、そうではない以上、確実に時間はかかります。

　電車が遅れるというリスクもあります。

　まずは、週に1日通勤しない日を決め、徐々に増やしていく方法もありますが、一切通勤しないためにはどうするのがいいかを考えるのがおすすめです。

　それくらいの刺激を入れないと、「通勤」という常識は変わりません。

　そのための投資は躊躇しないようにしましょう。

　詳しくは後述の「**第7章　繁忙期前にITへ投資しよう**」の「**1. IT効率化にいくらかかるか**」でふれていますが、初年度のIT投資でいえば、月3万円ほどで通勤せずにテレワークに移行できます。

　月3万円ほどで、交通費がなくなり、時間を得られるのです。

投資効率は非常にいいといえます。

11. 電話を使わない

　私自身が電話嫌いだということを差し引いても、電話はやはり非効率です。

　電話をかけても出ることができない・出ていただけない可能性があります。

　電話の取り次ぎが必要な場合もあり、そこで時間を失ってしまうのです。

　電話自体も長くなります。

　あいさつや復唱をしているとなおさらです。

　「今、お電話、大丈夫でしょうか？」

　「はい、大丈夫です」

　といったやりとりの数秒は無駄でしかありません。

　外でスマホを使っていると、電波が通じにくいということもあるでしょう。

　カフェや電車など、電話を使うべきではない場所にいることも多いです。

　マスクをしていると、電話で話しにくいこともあるでしょう。

　メールより、電話した方が早いのかどうか。

　決してそうではありません。

電話のほうが早い
のは、
タイピングが遅い
からです。

電話をかけることは相手の時間を強制的に奪うこと。

他人の時間を奪うような方は、効率化もできません。

繁忙期もなくならないのです。

電話以外のテキストコミュニケーションスキルを高めておけば、メールが電話よりも早く便利な方法になるでしょう。

こちらがスキルを高めることである程度リードできます。

何をやっていただきたいのかということと、報告事項を分けること、件名を工夫するなどして日々鍛えておきましょう。

こちらからはメールにすぐ返信することも大事です。

メールは、なかなか返ってこないから電話になるというケースもあります。

電話に出ないということも、ときには必要です。

電話にすぐ出てしまうと、「電話がいい」ということになってしまいますので、電話をなくしたいのであれば、あえてすぐに出ず、メールで返信することもやってみましょう。

どうしても固定電話が必要な方は、秘書サービスに頼むという方法もあります。

秘書サービスに頼めば、電話に出ていただき、その内容をメールで

知らせてもらえ、営業電話もそこで断っていただけるのです。

　電話が鳴り響くという状態は、やめましょう。
　「お盆や正月は電話が鳴らずに集中できる」ということを見聞きしますが、お盆や正月だけがそういう状態ということがおかしいのです。
　常に電話が鳴らない集中できる状態をつくりましょう。

　電話が多いお客様は契約解除、契約を更新しないリストの上の方に持っていくしかありません。
　どうしても電話でなければいけないことは少ないはずです。
　そして、お客様の時間を奪う可能性がある電話を、こちらからかけないようにしましょう。
　立場を変えれば「電話が多い税理士」もお客様から契約を断られる理由になり得ます。

　また、電話といえば税務署。
　税務署との対応は電話にならざるを得ません。
　その電話を減らすためには、
　・仕事の件数を減らす（→税務署からの電話がかかってくる確率
　　が減る）
　・郵送（Webゆうびん）で対応する
　・電話が多くなるようなら打ち合わせをする
　そして、
　・電話がかかってくるようなことがないように申告書をはじめとす
　　る書類をつくる

ということも大事です。

その他、金融機関、保険会社、会計ソフト、税務ソフト会社も電話が多いので、気を付けましょう。

なお、自治体は、メールができる場合もあります。

12. 郵送しない

郵送は手間がかかります。

誰かにやっていただくのなら別ですが、自分でやるなら郵送をしないほうが効率的です。

お客様にも、税務署にも郵送しないようにしましょう。

添付資料を送らなければならないということはあるかもしれませんが、郵送は極力なくしたいものです。

納付書（所得税、法人税、源泉所得税など）に記入してお送りすることも、できる限りなくしましょう。

e-Taxやダイレクト納付を使えば、納付書やその関連業務をなくすことができます。

郵送しないメリットは、提出の控を税務署から受け取らなくてよくなります。

e-Taxなら、受信通知があり、控がデータとして残るからです。

お客様とのやりとりでも郵送をなくすことで効率が上がります。

特に繁忙期は、その効果があるものです。

　郵送をなくすと決めたら、いろいろ考えなければいけません。

　郵送がなければ、レシートを預かることができなくなります。

　だからといって取りに行く手間をかけてはいけません。

　またレシートその他の書類を、持ってきていただくということを解決策にしないようにしましょう。

　誰かの犠牲のもとの効率化はやってはいけないことです。

　郵送をなくすということは、お客様に入力もしくはスキャンしてデータで送っていただくということになります。

　このように郵送をやめることで、仕事のやり方を変えることができるのです。

　どうしてもお客様が郵送をご希望し、紙がいいとおっしゃるのでしたら個別に対応する必要はありますが、そうでなければ、郵送をやめましょう。

　郵送のほうが安全という考え方は、危険です。

　郵送でも事故は起きています。

　ネット＝新しいものが危険、郵送＝従来からあるものが安全という思考はやめましょう。

　もちろん、データの取扱いは重々気を付けなければいけません。

　では、FAXはどうか。

　すぐ届くならいいと思われるかもしれませんが、データをメールで送ればいいところを、プリントアウトしてFAXで送る手間がかかりま

す。

　FAXだと不鮮明で、手間がかかることも多いです。

　コロナ禍においては、FAXの誤送信や誤読によって医療体制に支障が生じたり、個人情報が流出したケースも数多く報じられていました。

　それでもFAXがなくならない世の中、自分の軸を明確にし、自分を守る必要があります。

　そうしないと効率化はできないのです。

　パソコン上でFAXをすることもできますが、それならばメールをすればいいでしょう。

　メールが普及した現代、FAXを使う理由がありません。

　FAXは先方の負担にもなります。

　紙で受け取る場合もあるからです。

　そうでない場合も、FAXを送受信するためのソフト、設備を整えなければいけません。

　何かしらのイベントに参加したいときFAXでしか申し込むことができないなら、私は申し込みません。

　FAXでしかやりとりできないなら、関係性を断ちます。

　効率化はそれぐらいの覚悟が必要なのです。

　税理士業界も含めて「世の中は効率化できていない」という事実を認識しましょう。

　周りに合わせていたら効率化できないということです。

13.　チャットをしない

　「メールよりもチャット」という声もありますが、チャットは効率がいいとは思いません。

　チャットで常にやりとりをすると、電話や会うことと変わらないからです。

　チャットは、コミュニケーションを簡略化できるという話もありますが、メールでも簡略化することはできるでしょう。

　チャットは、お互いのタイピングスキルにも依存し、考えて、それを打ち込むという思考・判断スピードの違いもあるので、スムーズにはいきません。

　さらに、その場に張り付きになってしまいます。

　お客様とチャットを使うかどうか。

　私はチャットのツールは使っていますが、メール的に使っています。

　メールのように、リアルタイムではない（非同期）のコミュニケーションです。

　だからリアルタイムに返すことを求めず、こちらもすぐに返していません。

　もしそれをするのなら、Zoomで話したほうがいいでしょう。

　チャットが便利なように言われていますけれども、結果的に電話と変わらない部分もあり、電話で話すよりもタイピングが遅いと、お互いの時間を奪います。

そして、大多数の方は、タイピングスピードがそれほど速くありません。

　お互いの効率を考えるなら、チャットの通知もオフにしておきましょう。
気付いたときに返すくらいでいいのです。
チャットが気になって、集中力を欠くほうが効率は落ちます。

「いますぐ！」は効率的なようでそうではありません。
電話のように。

14. 「忙しい」と言わない

繁忙期をなくしたいなら、言葉をコントロールしましょう。
「忙しい」が口癖になっていないでしょうか。

「忙しい」それ以外にも「バタバタ」「時間がない」
そして、
「繁忙期だから」

こういった言葉は封印しましょう。

　私は、こういった言葉を使っている方で効率化できている方を見たことがありません。
ということは、こういった言葉を使わない方は、効率化できている

可能性が高いです。

　言葉は人を形作るもの。

　使わない言葉を決め、その言葉を話さない、書かないようにしましょう。

　税理士同士での、

「忙しいでしょ？」

「忙しくしています」

「大変で」

という会話もなくしていきましょう。

　私は、「忙しいですよね？」「お忙しいところ」と言われることも好みません。

　忙しくないからです。

　それくらい突き詰めて、言葉を考えましょう。

「いつか」も禁句です。

　いつか繁忙期をなくしたいと思っていたら、いつまでたってもなくなりません。

　「落ち着いたら」も禁句です。

　待っていても落ち着きません。

　自ら勝ち取るのです。

15.　プリントアウトしない

　プリントアウトは非効率です。

　プリントアウトをなくすだけで、解決することは山ほどあります。

　機密情報をプリントアウトするリスクはそれなりのものです。

　普通のゴミ箱に捨てるわけにはいきません。

　段ボールを回収してくれる溶解サービスというものもありますが、それはそれで手間がかかりますし、ましてやシュレッダーなど、絶対に使ってはいけません。

　「この私（おれ、ぼく）が、シュレッダーをやっていていいのか」と疑問を持ちましょう。

　もっとやれることはあるはずです。

　「紙のほうが早い」といわれますが、本当にそうでしょうか。

　紙での仕事、紙なしでの仕事、どちらが長いでしょうか。

　もし「紙での仕事」が長いなら、紙が早いのは当然です。

　今後のことを考えれば、「紙でなくても早い」を目指しましょう。

　プリントアウトしてチェックするのではなく、データでチェックするスキルを身に付けない限り、ペーパーレスはできません。

　紙だとチェックできない、ミスをするという話があります。

　それは結果論で、紙でチェックしてもミスするときはするものです。

　紙で保管しない、紙でチェックしないというのではなく、「紙を使

わない」と決めましょう。

　そこまでしなければ、ペーパーレスはできません。

　プリンターを使うと、

　・紙詰まり

　・インク購入、入れ替え

　・プリントアウトの時間

　といったロスが出てきます。

　紙がなければ、ファイリングの手間も必要ありません。

　データは検索ができます。紙はできません。

　紙を保管するためのラベル、ボックス、袋なども必要なくなるので
す。

　そして、ペーパーレスに本気で取り組むには、

　・ディスプレイ

　・タブレット

　をそろえましょう。

　そうしなければ、紙で保管、チェックをしたくなります。

　ディスプレイがあれば、PDFを表示して見やすくなり、タブレット
があれば、手元で紙を扱うかのごとく、PDFを見ることができるので
す。

16.　スキャンしない

　お客様から預かった書類を何かあったら……と全部コピーすること
は、やめましょう。

　それの積み重ねが時間を奪うからです。

　もし、何かあったら、お客様に聞けばいい話です。

　そして、その「何かあったら」はそうそうありません。

　そして、スキャンもしないようにしましょう。

　スキャンは、効率化のようでそうではないのです。

　手間もかかりますし、ちゃんとスキャンできているかどうかの確認
も時間がかかります。

　そのスキャン自体が必要なのかどうか。

　仮にお客様から預かった書類なり、証明書なり、レシートなり、請
求書なりを全部スキャンすることが必要か。

　お客様の書類を後で見返すことはほとんどないでしょう。

　必要があれば、お客様にスキャンして（写真を撮って）いただき、
共有していただいたりすることはありますが、ほんの一部です。

　レシートはまとめて読み込むこともできますが、詰まることもあり
ます。

　それらをスキャンして読み込むことができたとしても、100％の精
度ではないので、やはりチェックが必要です。

　結局、記帳代行がスキャン代行に変わっただけになります。

　もしお客様にスキャンしていただくとしても、そのチェックまで含

めてお願いしましょう。

　またプリントアウトした紙をスキャンすることもやめましょう。

　申告書をプリントアウトし、手書きやチェックをしてスキャンをするのは無駄です。

　プリントアウトせずにデータ（PDF）でチェックできるように鍛錬しましょう。

　効率化は、双方で目指しましょう。

　お客様が何をやってらっしゃるか、どこに時間をかけていらっしゃるかを見ておきたいものです。

　さりげなく観察して、「これはやらなくていいですよ」というのも我々の仕事。

　「お客様を見る」ということも、繁忙期があるとできないわけです。

　こちらはそれどころではありませんから。

　繁忙期であわただしく「何でもいいからとりあえずレシートを送ってください」ということになってしまうと、お客様が何に困ってらっしゃるかがわかりません。

　受け取ったレシートもよくよく観察すると、必要ない仕分けや、きれいに縦に貼っていらっしゃることもあります。

　そのあたりにも目を向けたいものです。

　繁忙期をなくし、視野を広げて、効率化を提案するくらいの余力をつくりましょう。

17. 電卓を使わない

　繁忙期をなくしたいなら、電卓をやめましょう。

　電卓を叩くのが速い方も多いでしょうが、電卓を使っている以上、効率化に限界はあります。

　電卓を叩くより、データの中で処理した方が速くて正確です。

　Excelで資料をつくるときに、電卓でチェックしないようにしましょう。

　私のブログでも「Excelと電卓の端数が合わない」という検索が多いのですが、電卓でチェックするから合わなくなるのです。

　電卓で検算しなければいけないということはExcelのしくみが足りないのです。

　Excel上で検算するしくみがありますし、絶対間違いがないような集計の方法もあります。

　集計ならSUM関数ではなく、ピボットテーブルを使いましょう。

　私は電卓は一切使いません。

　電卓を使わず、間違っていたらExcel上でわかるようにしています。

　その方が速いです。

　例えば、Excelを使って、会計ソフトからエクスポートした（取り出した）データから数字を連動する場合、VLOOKUP関数を使います。

　そのときに、すべてを連動するのではなく、合計は、その連動した

数字をSUM関数で計算し、差し引きする利益は、その連動した数字
を数式で計算するようにすれば、Excel上でチェックができるのです。

■VLOOKUP関数とSUM関数の使い分け

	A	B	C
1		2022/4	
2	売上高	7,874	=VLOOKUP($A2,会計ソフト推移表!$A:$M,COLUMN(B1),FALSE)
3	売上原価	3,587	=VLOOKUP($A3,会計ソフト推移表!$A:$M,COLUMN(B2),FALSE)
4	売上総利益	4,288	=B2-B3
5	給料手当	500	=VLOOKUP($A5,会計ソフト推移表!$A:$M,COLUMN(B4),FALSE)
6	法定福利費	76	=VLOOKUP($A6,会計ソフト推移表!$A:$M,COLUMN(B5),FALSE)
7	福利厚生費	4	=VLOOKUP($A7,会計ソフト推移表!$A:$M,COLUMN(B6),FALSE)
8	接待交際費	7	=VLOOKUP($A8,会計ソフト推移表!$A:$M,COLUMN(B7),FALSE)
9	旅費交通費	152	=VLOOKUP($A9,会計ソフト推移表!$A:$M,COLUMN(B8),FALSE)
10	通信費	19	=VLOOKUP($A10,会計ソフト推移表!$A:$M,COLUMN(B9),FALSE)
11	保険料	173	=VLOOKUP($A11,会計ソフト推移表!$A:$M,COLUMN(B10),FALSE)
12	水道光熱費	20	=VLOOKUP($A12,会計ソフト推移表!$A:$M,COLUMN(B11),FALSE)
13	消耗品費	62	=VLOOKUP($A13,会計ソフト推移表!$A:$M,COLUMN(B12),FALSE)
14	租税公課	28	=VLOOKUP($A14,会計ソフト推移表!$A:$M,COLUMN(B13),FALSE)
15	支払手数料	147	=VLOOKUP($A15,会計ソフト推移表!$A:$M,COLUMN(B14),FALSE)
16	減価償却費	54	=VLOOKUP($A16,会計ソフト推移表!$A:$M,COLUMN(B15),FALSE)
17	販売管理費計	1,242	=SUM(B5:B16)
18	営業利益	3,046	=B4-B17
19	営業外収益	0	=VLOOKUP($A19,会計ソフト推移表!$A:$M,COLUMN(B18),FALSE)
20	営業外費用	337	=VLOOKUP($A20,会計ソフト推移表!$A:$M,COLUMN(B19),FALSE)
21	経常利益	2,708	=B18+B19-B20

電卓を取り出して、それを叩くという、その何秒間かをなくせます。

18.　パソコンの画面の写真を撮らない

パソコンに表示されているものをスマホのカメラで撮らないように
しましょう。

カメラだと、パソコンの画面はうまく写りません。
もっと便利な方法はあります。
スクリーンショットです。

スクリーンショットで画像として残しておけば、

・お客様へ送る

・マニュアルをつくる

・記録する

ということに使えます。

Windowsなら、標準機能のスクリーンショットよりも、フリーソフトのLightshotが便利です。

ショートカットキーで、スクリーンショットを保存、またはコピー・貼り付けができます（「設定」の「HotKey」で任意のものに変えることができます）。

Macなら、標準機能（保存→Command+Shift+4、コピー→Command+Shift+control+3）を使いましょう。

スクリーンショットに矢印や文字などを書き込む場合にも、上記のLightshotやMacの機能が便利です。

Lightshotだと、スクリーンショットを撮るとき、矢印、四角、文字などを入れるボタンが右側に表示されます。

これらを使えば、加工がかんたんです。

■ Lightshotでの加工

　また、スクリーンショットを撮ってコピーして、PowerPointに貼り付けて、PowerPointで矢印や文字を入れることもできます。

　お客様向けのマニュアル、お客様の従業員向けのマニュアルをつくってみましょう。

　出来合いのマニュアルではなく、お客様に合わせたものをつくることが効率化にもつながります。

19.　税務ソフト、会計ソフトに頼らない

　税務ソフト、会計ソフトは、効率化を考えて設計されているものではありません。

あくまでも精度、正確さ重視です。

こんな手間がかかるのかとびっくりすることもあります。
これらに頼っている限り繁忙期はなくせません。
税務ソフト、会計ソフトに触れる時間を減らしましょう。

私はExcelを使ったり、プログラムを使ったりしています。
そのプログラミングも税務ソフト、会計ソフトが非効率だからこそ
役に立つという悲しい現実があります。

これらのソフトにできる限り頼らず、触れる時間を減らすというこ
とになると、Excelで試算できるようにしておくのがおすすめです。

税務ソフトや会計ソフトを立ち上げてデータを入れるよりはるかに
Excel上で試算した方が早いのです。

税務ソフト、会計ソフトの会社は、繁忙期だろうと何だろうと関係
なく、皆さんの人生のことまでは考えていません。
時間がどれだけかかろうと件数をこなしてくれて、自社のソフトが
売れればいいだけです。
何件導入したというのが大事であり、そこに利益、時間、望む仕事
かどうかは関係ありません。
これらのソフトとは一定の距離を取るというのが、心理的にも効率
化的にも大事なことです。

こちらが主体ですから。

第6章

繁忙期前に計画しよう

1. 昨年の仕事をリストアップ

　繁忙期対策の第一歩は、仕事量の把握です。

　昨年の繁忙期の仕事をリストアップしましょう。

　「繁忙期」の定義は、12月から3月、12月から5月、1月から3月といったようにそれぞれで決めましょう。

　今年はないものも含めて次のようにリストにします（譲渡、贈与、解約等）。

　入力はExcelがおすすめです。

・仕事をする月

・お客様名

・仕事の種類（法人、確定申告等、顧問、公的な仕事、外注）

・売上

・おおまかにかかった日数（0.5単位）

■ 昨年の仕事のリスト

	A	B	C	D	E
1	月	名称	種類	売上	日数
2	1	A社	顧問	55,000	1
3	1	B社	顧問	77,000	0.5
4	1	B社	年末調整	1,200,000	3
5	1	Cさん	確定申告	100,000	3
6	1	Aさん	打ち合わせ	0	0.5
7					

　顧問契約のお客様の場合、12月から3月であれば、それぞれ月別に入れます。

　公的な仕事、外注の仕事があれば、このリストに入れておきましょう。

　これらの仕事を受けすぎてしまい、お客様に向き合うことができないということもよくあることです。

　一度にリストアップできない場合は、1日5分でも取り組んでいただき、少しずつでも進めます。

　思い出しながらでもかまいません。

　すべての仕事をリストアップしたあと、眺めてみましょう。

　どう感じるでしょうか。

「思ったより多い」

「思ったより少ない」

「次の繁忙時が憂鬱」

「大変だけど、それなりの売上がある」

「大変なうえに、売上が少ない」

　などと感じるはずです。

　その中で、できるかどうかは別として、「やめたい」ものには印を付けましょう。

　・この仕事がなければ、時間ができる

　・この仕事をやめれば、ストレスがかなり減る

　・この仕事はやめても売上にさほど支障はない

　などといった判断基準が考えられます。

このとき気を付けたいのは、

「紹介していただいたから」

「いい方だから」

「昔からの付き合いがあるから」

これらを判断基準にはしないということです。

・資料がギリギリになる方

・ギリギリかつ仕上がった後に了解がなかなか出ない方

・税金をもっと減らせないのかとおっしゃる方

・やっぱりこの経費がありましたと、処理が終わった後におっしゃ

　る方

こういった方々とのやりとりは、それなりに消耗します。

　自分のコンディションは、他のお客様にも影響するものです。

　あるお客様で嫌な思いをしても、違うお客様には切り替えて、

100%成果を出せるのならいいのですが、やはり多少の影響はあるで

しょう。

　私は、その影響を強く受けるタイプで、嫌なことがひとつあると他

にも派生することが多いため、いい状態を保つようにしています。

　繁忙期を本気でなくしたいなら、決断が欠かせません。

　このリストをつくっていただくのは、仕事量の把握をしていただく

ためでもあり、その仕事量を減らすための基礎データとするためです。

　顧問契約も含めて、「減らせないか」「減らしたいか」を考えましょ

う。

効率化で、まず考えたいのは0にすること。

10を3にするよりも、0にするほうが効率的です。

その仕事が、手間もかかり、資料をいただけるのもギリギリでハラ
ハラし、それでいて、頻繁なご連絡やご要望も多く、報酬が10万円
なら、契約を断る最優先となるでしょう。

10万円なら、なんとかなる金額です。

感情面、数字面の双方から判断しましょう。

漠然と考えていると繁忙期はなくなりません。

仕事が減る、断られることは、負けではありません。

繁忙期をなくしたいのに、いつまでも繁忙期をなくせないのが負け
です。

覚悟を決めて、リストを眺めましょう。

2.　仕事の取捨選択

前項でつくったリストの中で、「減らす」と決めたことについては、
実行に移しましょう。

これも早めに始めておきたいものです。

年末に近付くと、その仕事を余計に減らしにくくなります。

ただ最も減らしやすい＝お断りしやすいのは、確定申告を終えて報
告をするときです。

今回、もし減らしにくい場合でも、次回の確定申告の報告時には再度挑戦しましょう。

　今、リストをつくって、決めておくことが大事なのです。

　2, 3年かかっても仕事を減らしていくことができれば、繁忙期をなくすことに一歩ずつ近付きます。

　仕事を減らすタイミングで、確定申告の時期の次に考えられるのは、9月から11月です。

　確定申告直前の1月でも断ることができないわけではないとは思いますが、早いほうがいいでしょう。

　2月、3月に入ってからお断りすることは避けたいものです（先方からお断りがある、ご依頼がないということはあるでしょうが）。

　お断りするのではなく、条件を変更させていただくこともできます。

　例えば、「次回は会計ソフトを導入していただく」「スキャンをしていただく」「年内に資料を送っていただく」ということです。

　記帳代行で早いうちに資料をいただくということも、最善の策ではないにしろこの時点で考えておきましょう。

　仕事の取捨選択を考えるときは、次の繁忙期に仕事が増えるという想定で、より多めに減らしておきたいものです。

　そもそも、すべての時間を使って仕事をしていては、選択肢はなくなります。

　もし、仕事が増えない場合は、その時間を有効に使い、売上が減った分は、手元のお金でまかないましょう。

売上が100万円減るとしても、お金が300万円あれば、そこから100万円を使えばいいわけです。

繁忙期を続けてまで売上を右肩上がりにする必要はありません。

繁忙期のお客様も大事ではあるのですが、繁忙期の原因になっているお客様はそうではない場合も多いでしょう。

・書類がそろわない

・連絡が付かない

・作業が多い、それでいて報酬は少ない

といったケースもあります。

理想の仕事、理想のお客様で繁忙期なら、まだいいのかもしれませんが、そうでないのなら繁忙期は躊躇なく、なくしたいものです。

私は、理想の仕事、理想のお客様だとしても、繁忙期は選びません。

本当に役に立ちたいお客様のサポートをするために、繁忙期で時間がないという状態はなくしていきましょう。

家族と過ごすため、時間とお金のバランスを取るためにも欠かせません。

仕事をなくすのはなかなか難しいものです。

私も今は慣れましたが、それまでは大変でした。

苦渋の決断だったこともあります。

ただ、そこを乗り越えなければ繁忙期はなくなりません。

3.　値段・プランの見直し

　繁忙期のリストを見ながら、値段やプランの見直しをしましょう。

　このまま続けたい気持ちはあっても、値段がちょっと合わないということはあるものです。

　「次の確定申告はこの値段でさせていただけませんか」と早めにお伝えしてみましょう。

　それで、もしお断りがあったら、しかたありません。

　その覚悟をもって値段交渉をすべきです。

　このときやってはいけないのは、「この仕事はお断りしたい。値上げして断っていただこう」ということです。

　その値上げを承諾していただいた場合、その仕事は続いてしまいます。

　例えば5万円のところを25万円でお願いし、「わかりました、よろしくお願いします」という返事をいただいてしまっては、続けざるを得ません。

　値上げしていただいたとしてもお断りすべき仕事はあります。

　値段以外の部分で、それとなくお断りしましょう（その理由は明確に言わないほうがいいでしょう）。

　仕事のプランを見直すこともおすすめです。

　新たにプランをつくることもできます。

　例えば、確定申告を請け負うプランだけではなく、確定申告の

チェックやレクチャーをするプランも準備しておけば、あわせて提案できます。

それによって、売上は10万円から3万円に下がるかもしれませんが、ご自身で入力していただければ、その手間がこちらは減ります。

これも売上を減らして時間をつくり、繁忙期を減らす方法です。

「データ入力をしていただいたら、10万円のところを8万円にできますが、いかがですか？」という打診もできます。

リストの中で、
・お断りする
・値上げ交渉する
・プラン変更を打診する
といったパターンで、チェックしていきましょう。

ネットバンクを入れていただくだけで目に見えて仕事量が変わります。

もし、利用料の問題だけでネットバンク導入ができないのなら、こちらで負担することも考えましょう。

そのお金を払うことで、通帳の入力がなくなるなら安いものです。

もちろん、お客様にご負担いただくのが原則ではあります。

記帳代行、スキャン代行が繁忙期の原因の1つです。

手放していきましょう。

4. 確定申告は如月に

2月（如月）は、確定申告をするメインの月です。

3月（弥生）ではありません。

2月は、

・12月決算がある可能性

・28日しかない（うるう年は29日）

・祝日がある

といった状況は向かい風かもしれませんが、2月までにしっかり準備をし、スキルを磨いておけば、怖がることはありません。

税理士試験も準備が大事だったでしょう。

2月に確定申告をすると考えると、1月から動き出す必要があります。

1月には確定申告の準備を始め、申告可能なものから順次申告をし、少なくともお客様へ連絡し、アポをとりましょう。

12月に確定申告の仕事をする必要はありません。

12月は年末調整を確実に仕上げ、ボリュームが多い法人（12月決算）の仕事を手がけます。

1月は、給与支払報告書、償却資産申告書、法定調書を確実に完了させましょう。

ただし、1月31日までをそれらの仕事に使ってはいけません。

1月中旬には終えましょう。

1月中旬から3月中旬までの2か月を確定申告期間とするのです。

確定申告期間の2月16日から3月15日の1か月ではありませんし、

ましてや、3月の2週目だけではありません。

　大部分は2月に完了すると決めて、確定申告業務のスケジュールを計画しましょう。

5.　先にできること、先にできないことの区分け

　繁忙期の仕事を計画するときには、
・先にできること
・先にできないこと
を分ける必要があります。

　先にできないこと、先にやっても意味がないことをやっていても無駄です。
　二度手間になることもあります。

　では、何が先にできるか。
・計画（第6章）
・投資（第7章）
・ソフトの導入、準備（第8章）
・スキルを磨く（第9章）
・年末調整（第10章）の準備
といったものです。

　所得税確定申告を前倒しにすることには、限界があります。

個人事業主のお客様の会計データをこまめにチェックするのは、さほど意味がありません。

　データでチェックするなら、まとめてチェックしても、ちょっとずつチェックしても、かかる時間は変わらないものです。

　記帳代行は、ちょっとずつ進めておく価値はあります。

　仕事としては好ましくありませんが。

　できるとすれば、譲渡所得や贈与税の申告にかかる仕事を早めに手がけておくことです。

　そのためには譲渡や贈与のご連絡をその都度いただく必要があります。

　先にできることをどれだけできるかどうか。

　繁忙期前にその時間をつくることができるかが勝負です。

6.　税理士業をしない平日をつくる

　繁忙期前に取り組んでおくこととしてぜひおすすめしたいのは、税理士業をしない平日をつくるということです。

　土日祝は、税理士業を休むとして、もう1日、平日に税理士業をしてはいけない日をつくります。

　その日は、直接的な税理士業をしてはいけません。

・お客様とのメール、打ち合わせ

・税務署対応

・ITスキルの練習や勉強

などはしてもかまいませんが、

・会計ソフトのチェック

・入力

・税務申告書の作成

などはしないようにしましょう（入力は平日もしないほうがいいのですが）。

　繁忙期以外に平日が5日あるのは、多すぎるのです。

　普段から仕事を圧縮しておき、繁忙期に備えましょう。

　繁忙期でどうしても仕事が間に合わないようなときは、その1日を使ってもかまいません。

　私は、2009年から金曜日を税理士業禁止にしています。

　それでも、最初にそうした2009年は、3日も使ってしまいました。

　その次の2010年は、1日。

　それ以降、2011年からはそのルールを守っています。

　税理士業禁止の日は、仕事をしてはいけないわけではなく、勉強や税理士業以外のことはしてもいいのです。

　そうすることによって、税理士業を圧縮、効率化できました。

　ぜひ毎週金曜日（任意の曜日でかまいません）を税理士業禁止の日にしましょう。

第 7 章

繁忙期前に IT へ投資しよう

1. IT効率化にいくらかかるか

　繁忙期になる前に必要な機器、ソフト、スキルを準備していきましょう。

　早く環境を整えるほど、そのメリットを受けることができます。

IT効率化にどのくらいの費用が必要なのでしょうか。

私が考えるのは次のようなものです。

・ノートパソコン　15万円

・スマホ（通信込）　15万円

・ルーター　2万円

・ネット回線　年5万円

・Microsoft365　年1万円

合わせて、年38万円ほど。

月3万円ちょっとで効率化はできるものです。

さらには、必要に応じて、

・タブレット　13万円

・Evernote　年5,000円

・Dropbox　年2万円

・ディスプレイ　2万円

などをそろえます。

あとは、無料で使えるものです。

・Gmail（メール）

　・Zoom（40分以上の打ち合わせを主催するなら月2,200円）

　・Googleカレンダー

　また、仕事を自動化できるプログラミングも無料で使うことができます。

　・Excelマクロ（Microsoft365は必要です）

　・GAS（Google Apps Script）

　・Python

　・RPA

　その代わり、習得時間はかかりますので、じっくり取り組みましょう。

　多くの場合、税務ソフトに費用を多くをかけすぎている傾向があります。

　他のITにも、それなりにお金をかけましょう。

　さらには効率化の勉強にもお金をかけたいものです。

　税務の勉強だけをしていても、それを活かせる時間や余力がなかったら意味がありません。

　皆さんの持てる知識・スキルを十二分に発揮するための効率化です。

　そのために投資をしておきましょう。

　繁忙期をなくすと決めたその日から投資しておきたいものです。

　パソコンなどは待ってもそうそう安くなりませんし、もっと性能の

いい新型が出るかもしれないと待っても発売されるとは限りません。

　そして、ITに投資するだけのお金はお持ちのはずです。

　しっかり投資しましょう。

　効率化には、勇気とちょっとのお金が必要なのです。

2.　パソコン

　まずは、ノートパソコンに投資します。

　パソコンを買って3年以上たっていたら、このタイミングで買い替えましょう。

　「まだ使える」と思われるかもしれませんが、パソコンは確実に消耗しています。

　2年でも危ういくらいです。

　パソコンは、長く使える家電や古いと味が出るカメラとは違います。

　繁忙期が終わってから買い替えようと考えているから、パソコンのスペックの低さのため効率化がうまくいかず繁忙期が終わらなくなるのです。

　毎年または、2年に1回はパソコンを買い替えましょう（OSやアプリケーションを再インストールしてリフレッシュするという方法もありますがパソコンに関する相当な知識が必要ですし、結構大変です）。

　パソコンは、15万円ほど、高くても20万円、30万円。

　年にそれくらいの投資をしたいものです。

　勉強と同様に。

　パソコンを買い替えて、さくさく動いて効率化できるなら安いものです。

　少なくとも動作が遅い、ときに止まってしまうようなパソコンはやめましょう。

　今すぐに買い替えるべきです。

　Windowsパソコンを選ぶなら、こういった性能が目安です。

　・CPU　インテルCore i5 または i7、AMD Ryzen5または7

　・メモリ　16GB

　・SSD　256GB以上

　あとは見た目が気に入ったものを選んでおけば問題ありません。

　私は、MacBook Air、iMac、自作パソコン、VAIO SX14を使っています。

　Windowsでしか使えない専用の会計ソフト、税務ソフト、RPA（UiPath）を使っているのは自作パソコンです。

　自作パソコンは、動画編集用に準備しているので、性能は申し分ありません。

　実はコストパフォーマンスもいいのですが、それなりの知識が必要なので敷居は高いです。

　パソコンのデータ移行が大変で、繁忙期に買い替えられないなら、9月に買い替えておきましょう。

　「データ移行が大変だ」という時代はもう終わっています。

クラウドにデータを保管できるDropboxに入れても問題ないデータは入れておきましょう。

　そうすれば、パソコンを買い替えたとしても、

・新しいパソコンをネットにつなぐ

・新しいパソコンで、Dropboxにログインする

だけで、新しいパソコンにデータを移行できます。

　あとは、ほうっておけばいいのです（必要なもののみダウンロードすることもできます）。

　メールもクラウドのものを使っておけば、同様にデータ移行が楽になります。

　Gmailを使っておけば、Dropboxと同様に、新しいパソコンを買ってログインすれば、すぐに元のように使い始めることができます。

　「パソコンを買い替えると、データ移行に時間がかかる」という認識をこの機会にやめましょう。

　ネットさえつながれば、例えば、外でパソコンを買って外で設定するということもできるのです。

　午前中に自宅にパソコンが届き、それをスタバで設定するということもできます。

　そういったパソコン設定の練習もしておきましょう。

　買い替えない→買い替え・設定の練習ができない→買い替えに躊躇するという悪循環に陥るのです。

　買い替える→買い替え・設定の練習ができる→買い替えに躊躇せずに済むという好循環を目指しましょう。

　ただ、税理士ならではのパソコンの買い替えの障壁として、会計ソフト、税務ソフトがあります。

　これらのソフトによっては、パソコンを買い替えると、

　・移行を依頼しなければいけない

　・手間がかかる

　・お金がかかる

　ということがあるからです。

　私が使っている会計ソフトには、インストールしなくてもいいクラウド会計ソフトやネットからダウンロードしてインストールできるソフトがあります。

　それに対して税務ソフトの方は、パソコン移行に2,200円かかるのがストレスです。

　もっとコストがかかるソフトもあります。

　パソコン買い替え時のことも含めて、会計ソフト、税務ソフトを選びましょう。

　どうすればスムーズに買い替えができるのかを考え、備えておくと、パソコンが故障したときのリスクヘッジにもなります。

3.　ディスプレイ

　2つのディスプレイで仕事をする「デュアルディスプレイ」。

　今はノートパソコンも解像度が上がっており、きめ細かく、より多い情報を表示できるようになっていますので、デュアルディスプレイ

は、以前ほど必須ではありません。

　ただ、申告書をつくるときやチェックするときには、あったほうが便利です。

　Zoomでの打ち合わせでも役立ちます。

　私が使っているのは、34インチのウルトラワイドディスプレイ（21：9の比率）と、23インチの縦型のディスプレイ、液晶タブレット（ペンが使える）です。

　23インチ前後のディスプレイなら、2万円ほどで買えます。

　画面の小さいノートパソコンにディスプレイをつないで、大きな画面を使って仕事をすることもできます。

　ただ、このデュアルディスプレイは使い方に気を付けたいものです。

　デュアルディスプレイが活躍する場面で、好ましくないものもあります。

　例えば、お客様から受け取ったデータを1つのディスプレイで見ながら、もう1つのディスプレイで入力するというのは、好ましくない使い方です。

　データを加工して取り込むようにしましょう。

　それならば、パソコン1台でもできます。

　ディスプレイを置く場所がないかもしれません。

　また、デュアルディスプレイのイメージが付かないという方もいらっしゃるでしょう。

もしそうならば、まずは買ってみましょう。

買わなければわかりません。

不要であれば、売って損失を補填することもできます。

考え、悩むよりも行動する癖を付けましょう。

4.　タブレット

タブレットは、

・打ち合わせ時のメモ（ペンを使う）

・読書、情報収集

・申告書のチェック

に使えます。

私が使っているのは、iPadPro12.9インチです。

　手書きする、見ることを考えると最も大きいサイズを選んでおきましょう。

　デメリットは、持ち運びには大きく重いこと。

　電車内で、片手で使うこともできません。

　そこは割り切り、自宅で落ち着いて使うものと位置付けています。

　ペンを使ってさっとメモしたり、お客様に図解したりするときにも便利です。

　Zoomでの打ち合わせでも使えます。

　あらかじめ、議題を準備しておき、それに書き込んだり、チェックしたりしながら打ち合わせを進めると便利です。

読書や情報収集も、スマホよりも大きな画面でタッチ操作ができるのは大きなメリットです。

　図や写真が多いKindle本（固定レイアウトといわれているもの）も、スマホだと読みづらいのですが、タブレットなら楽に読むことができます。

　iPadを申告書のチェックに使うと、紙を減らすことができます。

　PDFファイルをパソコンでつくり、それをiPadで開いて、ペンでチェックするのです。

　私がチェックに使っているのは、液晶タブレット（ワコム）です。

　パソコンにつないでいますので、iPadのように、PDFデータ移行の手間がかかりません。

　Zoomでの打ち合わせでもペンを使えます。

　ただ、汎用性があるのは、やはりiPadです。

5. ルーター

　オンラインでの打ち合わせ、クラウド会計ソフトはもちろん、ネットで検索する場合やデータのダウンロード・アップロードにも、スピード（通信速度）は大事です。

　ネットのスピードは、ルーターに大きく左右されます。

　回線とともにルーターも準備しましょう。

　ネットの回線は、光回線がおすすめです。

　自宅や事務所の状況によっても変わりますが、ルーターを買い替えるだけでもスピードは変わります。

　私が使っているのは、TP-LinkのAX11000です。

　3万円ほどしますが、スピードは申し分ありません。

　値段の目安でいえば、ルーターは、1.5万円以上のものを選んでおきましょう。

　自宅で仕事をしていて、家族が動画を見てネットが遅くなるということは避けたいものです。

　ルーターの規格は、少なくともac（5に該当）、できればWi-Fi 6を選びましょう。

6.　カメラ、マイク

　Zoom、オンラインの打ち合わせのために、カメラやマイクは整えておきましょう。

　パソコンのカメラやマイクは、それほど質がよくない場合も多いものです。

　オンラインの環境が整っていないという理由だけで、オフライン（対面）での打ち合わせをしていては、繁忙期はなくなりません。

　私が使っている機材は次のようなものです。

　・カメラ　SIGMA fp

　・レンズ　SIGMA 35mmF1.2

・照明 Neewer CRI96、（部屋の照明は調光可能なもの）

・マイク　Blue Yeti X

・ディスプレイ　LG 34WL750-B、BenQ GW2480T

・ペンタブレット　Wacom Cintiq 16

・ルーター　TP-link AX-11000

これらを常に設置しておき、オンライン専用にしています。

　またAIスピーカーに、「書斎つけて」という音声入力をすると、この部屋の照明がオンライン用に設定した明るさでつき、補助ライトがつくというしくみにしています。

　マイクは、1方向（単一指向といいます）からの音のみを拾う設定にすると、雑音が入りにくいです。

　また、スピーカーもそれなりの性能のものを別途準備しています（Sony LSPX-S2）。

　お客様の声が聞き取りにくい場合もあるからです。

7.　キーボード

　ノートパソコンは、原則としてキーボードを選べません。

　キーボードが使いやすいノートパソコンを探す必要があります。

　私がMacBook Airを使っているのは、キーボードが使いやすいからです。

　ノートパソコンでも、USBケーブルまたはBluetoothで接続する外付けキーボードは使えますが、持ち運びが大変であり、見た目もよくありません。

　キーボードが使いやすいノートパソコンを選びたいものです。

　デスクトップパソコンならキーボードにはこだわりましょう。

　打ちやすいものは違います。

　私が使っているのは、東プレのREALFORCE R3です。

　定価なら3万円を超える機能ですが、打ちやすくストレスがありません。

　静電容量無接点方式といわれるタイプのキーボードで、キーの接点がないので、スムーズに打てるのです。

　キーボードには、

　・最も安くおすすめできないパンタグラフ

　・ノートパソコンのキーボードのように、薄いメンブレン

　・カチッとした押し心地のメカニカル

　という種類があります。

　パンタグラフはやめておきましょう。

　最も安いタイプですが手が疲れますし、構造的に速く打つことができません。

　なお、キーボードはテンキーなしのものを使いましょう。

　テンキーを使うと記帳代行から逃れられません。

　記帳代行を速くするという価値観を捨てないと繁忙期はなくならな

いのです。

　なぜなら、テンキーのスピードには限界があります。

　高速で入力したとしても、例えば1時間を何分に縮められるか。

　速い人であれば48分にできるかもしれませんが、そうそう速くはできません。

　さらには、人が入力すれば、チェックの時間も必要となります。

　記帳代行を手放し、データで処理する、取り込むようにすれば、1時間の仕事を、3分なり3秒で終えることもできるのです。

　入力が速い人でも、さすがに入力スピードをそこまで上げることはできないでしょう。

　繁忙期をなくしたいなら、仕事を抜本的に変えなければいけないのです。

　テンキー無しのキーボードを使って、キーボードの上の数字キーで打たざるを得ないようにしておきましょう。

　キーボードを使うなら、アームレストもおすすめです。

　手首を乗せて、その負担を減らせます。

　手首から肩、首への痛みが生まれますので、まずは手首を守りましょう。

8.　マウス

マウスの操作性は効率に直結します。

マウスは、トラックボールがおすすめです。

ボールで操作するマウスであり、マウスパッドも必要ありません。

慣れるまでに時間がかかる可能性はありますが、慣れてくれば、通常のマウスよりもあきらかに速く操作できます。

なお私が使っているのは、ロジクールのM575です。

ノートパソコンのパッドも操作性がよければ、それを使えばいいのですが、パッドを無理に使わないようにしましょう。

操作性がそれほどよくないパッドを使うのはむしろ非効率です。

中途半端にパッドを使うなら、マウスを使いましょう。

例えばVAIO SX14はマウスが必要です。

MacBook AirやMicrosoftのSurfaceシリーズであればパッドが使いやすいので、マウスは必要ありません。

9.　机、椅子

仕事をする机と椅子も見直しましょう。

ペーパーレスにして、紙を広げないとしても大きめの机がおすすめです。

私が使っている机は、160cmの幅があります。

マイクやディスプレイを置くスペースが必要だからです。

椅子は、座り心地がいいハーマンミラーのコズムチェアを使ってい

ます。

　また、机の上に、スタンディングデスクを置き、立って仕事ができ
るようにしました。
　それまで使っている机をそのまま使え、上下に調整もできます。
　自分の書斎では、ほとんど座りません。
　姿勢を変えることで、体の負担を減らすのです。

　ただ、机と椅子を整え、体の負担を減らしても、長時間仕事をして
いては意味がありません。

　机と椅子を整えつつ、仕事の時間を減らしていきましょう。
　快適な状態で仕事をすれば、効率が上がり、繁忙期をなくすこと
につながります。

10.　プライベート

　プライベート、家事も仕事と同じ24時間の中でのこと。
　24時間のうち、睡眠が例えば7時間、生活・食事が3時間だとした
ら、それ以外の14時間を仕事とプライベートで分け合うのです。
　それならば、仕事でもプライベートでも効率化をしたほうが、成果
につながります。

　繁忙期で家事はほったらかしということは避けたいものです。
　すぐにできることは、家電を買うこと。

家電に投資しましょう。

・スチームレンジ

・炊飯器

・コーヒーメーカー

・電気調整鍋（ホットクック、クックフォーミー）

・掃除機

・食器洗い乾燥機

・乾燥機能付き洗濯機

などがおすすめです。

そして、

・センサー付き照明

・AIスピーカーを使った声での操作（照明、TV、エアコンなど）

・オートロック（Qurio Lock）

などを導入すれば、さらに効率化できます。

　照明やテレビ、エアコンなどをつける・消す、鍵をかける・開ける といった操作を自動化できるのです。

　プライベートでも効率化できるところは、効率化していきましょう。

第8章

繁忙期前にソフトを導入しよう

1. Gmail

メールソフトは、Gmailがおすすめです。

使いやすく、迷惑メールフィルタ（迷惑メールかどうかの判断）が優れています。

クラウド（ネット）上ではなく、パソコン内にメールを保存するようなソフトは使わないようにしましょう。

特定のパソコンだけでしかメールを使えない状況では、事務所や自宅に戻らないと、メールを確認できないということになりますし、パソコンの買い替えやパソコンが故障したときに時間がかかります。

得てして繁忙期にパソコンは壊れるものです。

なお、メールアドレスは、独自のもの（○○.comなど）をつくりましょう。

こういったメールアドレスでもGmailで送受信できます。

プロバイダや税務ソフトなどのドメインは仕事で使うのはやめておきましょう。

携帯電話会社のドメインのメールアドレスも使ってはいけません。

Gmailを使うポイントは受信トレイです。

受信トレイを整理しておきましょう。

まず、受信トレイのタブは必要ありません。

必要なメールを見逃してしまうからです。

■ Gmailの初期の画面

Gmailの設定→受信トレイ→カテゴリでチェックを外しましょう。

■ Gmailの設定

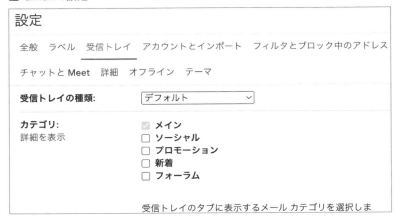

受信トレイには、返信すべきメールのみを残します。

私のGmailは、ほぼこの状態です。

■ 受信トレイが空の状態

125

返信すべきメールはその都度または翌営業日に返信しているからで
す。

　メールは、削除してはいけません。

　返信したメール、返信しなくてもよいメールはアーカイブという機
能（ショートカットキーはe）で、受信トレイから見えないところに
保管しましょう。

　ショートカットキーは、Gmailの設定で、使えるようにしておかな
ければいけません。

■ Gmailのアーカイブ

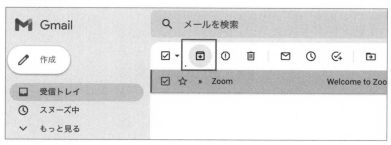

　メールをその都度アーカイブする方法とともに、自動的にアーカイ
ブする方法があります。

　今後アーカイブしたいメールがあれば、〔メールの自動振り分け設
定〕で、自動的に振り分けることができるのです。

■ Gmailの自動振り分け

〔受信トレイをスキップ（アーカイブする）〕にチェックを入れて、ラベルをつけておきましょう。

■ Gmailの自動振り分けルールの設定

← メールが検索条件と完全一致する場合:

☑ 受信トレイをスキップ (アーカイブする)

☐ 既読にする

☐ スターを付ける

☑ ラベルを付ける: [Gmail]/etc ▾

☐ 次のアドレスに転送する: アドレスを選択... ▾　　転送先アドレスを追加

☐ 削除する

☐ 迷惑メールにしない

☐ テンプレートの送信: テンプレートがありません ▾

☐ 常に重要マークを付ける

☐ 重要マークを付けない

☐ 適用するカテゴリ: カテゴリを選択... ▾

☐ 一致するスレッドにもフィルタを適用する。

❓ ヘルプ　　　　　　　　　　　　　　　　　　　　　フィルタを作成

■ Gmailのラベル

　ラベルを付けておけば、必要があればそのラベルをクリックして見にいくことができます。

　例えばメルマガは返信すべきものではありません。

　見るだけのものは、受信トレイをスキップしてすべてアーカイブしておきましょう。

　こうすることによって、「受信トレイにある＝返信すべき」とわかりやすくしてメールの反応速度を高めていきます。

　メールは当日または翌営業日に返すと決めておきましょう。

　そうしなければ、メールがたまってしまいます。

　また、メールをする時間帯を決めておくことも大事です。

　私は、原則として18時以降、土日祝はメールしません。

　また、金曜日にもこちらからはメールしないようにしています。

その返信を土日にいただく可能性があるからです。

早朝にもメールをしません。

自分の仕事に専念するためです。

今すぐには返さないメールは、スヌーズ機能を使いましょう。

スヌーズとは、メールをいったん受信トレイから消し、指定の日時にまた表示させる機能をいいます。

アラーム、目覚まし時計をいったんとめて、一定の時間後にまた鳴らす機能と同様です。

こういったルールを決めて、もしメールを返信しきれないのであれば、メールの量、つまり仕事量が多すぎるということになります。

根本から見直しましょう。

2.　Dropbox

Dropboxは、クラウド上にデータを保存できるサービスです。

この他、MicrosoftのOneDrive、GoogleのGoogle Driveといったものがあります。

複数のパソコンでデータ共有ができ、どのパソコンでも同じデータを見て、編集できるというものです。

外出先で、ノートパソコン、スマホ、タブレットを使って確認することもできます。

事務所・法人や、自宅に戻らないとデータを見ることができないと

いう時代は終わりました。

　Dropboxで設定をすれば、データをクラウド上に保存し、随時バックアップをとることができます。
　パソコンがもし壊れても、直前までのデータのバックアップはとれているので、Dropboxにアクセスすればかんたんに復元できるのです。
　このしくみを使えば、パソコンの買い替えも楽にできます。

　Dropboxは、Professionalプランなら、180日間のバックアップができるのが便利です（通常なら30日間）。
　1つ前のバージョンのデータを確認したり、そのバージョンに戻したりすることもできます。

　Dropboxは、基本的にはパソコン内にデータを置くしくみですが、クラウド上にのみ置くこともできます。
　スマートシンクという機能です。
　これを使えば、パソコンのデータ容量が小さくても必要に応じてダウンロードして使うことができます。
　Dropboxは、無料で2GBの容量を使うことができますので、無料の範囲で試してみましょう。
　なお、PDFファイルだと1MB程度、Excelファイルなら5MB程度なので、2GB（2,000MB）でも十分使えます。
　ただ、年間でも2万円弱で、1TB（テラバイト。1,000GB）使えますので、有料プランにしておくのがおすすめです。
　自前で通常のサーバーを導入することと比べれば安いものです。

　また、お客様とデータを共有すると、メールで送る必要がありません。

　効率的なだけではなく、どちらかが編集してしまうというミスもなくすことができます。

　Dropboxは、基本的に、複数人で同時に編集することはできません。

　もし編集してしまうと、2つのファイルができてしまいます。

　気を付けましょう。

　編集せずに見るだけであれば、同時でも、問題ありません。

　弥生会計は、データ(○○.kd)をDropboxに置くことで、データが共有できます。

　税務ソフトは、ライセンス管理の関係からか、Dropboxにデータを置くことができません。

　Dropboxに置けるのは、バックアップファイルのみです。

　また、Dropboxを使っていない方へ、データへのリンクをコピーして送ることもできます。

　メールに大容量のファイルを添付するのは避けたいものです。

　相手の状況によっては、受信できないこともあります。

　このような場合でもDropboxへのリンクを送れば、相手も自分もメールの容量を使わずに済むのです。

　また、Google Drive、OneDriveも、それぞれ無料の範囲もありますが、使い勝手はDropboxに劣ります。

　ただ、お客様側がGoogle DriveやOneDriveをお使いのときには対

応できるようにしておきましょう。

3.　確定申告書作成コーナー

　国税庁の確定申告書作成コーナーは、税務ソフトよりも使い勝手がいい部分もあります。

　ブラウザで使え、インストールの必要もありません。

　チェック機能もあり、Macでも使えますし、お客様側でも利用できます。

　この使い方をお伝えする仕事も私はやっています。

　私は、自分の申告も含めて、税務ソフトを使わず、このサイトを使っています。

　欠点としては、

　・税理士の利用者識別番号を毎回入れなければいけない

　・1件ずつしか署名、送信できない

　・受信通知は、別途メッセージボックスを確認する必要がある

　といったものです。

4.　Zoom（ズーム）

　オンラインで打ち合わせをする場合、最も普及しているのがZoomです。

　40分以内なら無料で使え、それ以上使うなら月2,200円かかります（ミーティングを主催する側が有料プランである必要があります）。

　Zoomの特徴は、通信量が小さく、安定しており、音もきれいで、それぞれの機能も使いやすいということです。

　打ち合わせごとにリンクをつくってメール等でお送りし、そのリンクをクリックするだけで参加できます（厳密には初回のみソフトがインストールされます）。
　その他の機能として、
・録画機能
・画面を共有する機能
・お客様のパソコンで共有設定していただくとこちらで操作できる
　機能
などが便利です。

5.　Excel

Excelの役割は、
・効率化
・整理
・アウトプット
といったものです。

　効率化という観点では、Excelに会計データをインポートし、会計ソフトのデータをエクスポートしたりして、資料をつくるということができるだけでなく、それらを自動化することができます。
　数字を変えてシミュレーションをする機能もExcelは優れています。

打ち合わせ時に数字を入れながら決めることができるのです。

　税務ソフトを開いて入力していては時間がかかりすぎます。

　Excelで税額を試算することで、効率的に意思決定ができるのも大きな特徴です。

　もちろん請求書もExcelでつくることができます。

　整理という観点では、Excelに情報をまとめておくことができます。前述したお客様リストもその使い方です。

　Excelにお客様データベースもつくっておきましょう。

　必要に応じて、住所等を関数で取り出すこともできます。

　利用者識別番号、暗証番号もExcelでの管理です。

　その他、消費税の納税義務、届出書等の管理もExcelでやっています。

　今後はインボイスについても管理していく予定です。

　アウトプットという観点では、グラフや条件付き書式のデータバー、前期比較、決算予測、資金繰りなどといったものをExcelでつくっています。

　こういった資料をつくることでアウトプットとチェックを兼ねることができるのです。

　例えば、決算で、去年との比較をつくり、グラフにすれば、違っている点がこちらもひと目でわかります。

　大きな差があれば、それが間違い（資料、入力もれ）または、去年との違いということです。

　チェックにも使ったExcelは、そのままお客様に提示する資料など

のアウトプットにも使えるのです。

　去年と比べると何が増えていて、何が減っていて、その結果、今年は、納税額がこれだけ増えたという説明ができます。

　比較をしない資料は意味がありません。

6.　確定申告の試算Excel

　所得税確定申告の税額をExcelで試算できるようにしておきましょう。

　・ミスのチェック

　・解説資料

に使うことができます。

　税務ソフトを開いて入力するよりも圧倒的に速いです。

　税務ソフトは、起動にも時間がかかります。

　下記の図は、前年との比較をするためのファイルです。

　確定申告書と同じように、数式で計算できるように設定しておきましょう。

■ Excelでの確定申告試算

	A	B	C	D	E		G	H	I	J	K
1		当年	前年	比較							
2	事業	7,980,380	9,103,480	-1,123,100				当年	前年	比較	
3	不動産			0			売上高	7,980,380	9,103,480	-1,123,100	
4	給与	3,600,000	2,400,000	1,200,000			租税公課	289,000	319,000	-30,000	
5	雑			0			荷造運賃	19,211	84,721	-65,510	
6	一時			0			水道光熱費	100,000	200,000	-100,000	
7	収入 計	11,580,380	11,503,480	76,900			旅費交通費	485,743	2,348,573	-1,862,830	
8	事業	3,695,229	1,430,602	2,264,627			通信費	120,489	145,670	-25,181	
9	不動産			0			広告宣伝費	0	0	0	
10	給与	2,440,000	1,500,000	940,000			交際費	34,427	33,233	1,194	
11	雑			0			保険料	8,020	28,540	-20,520	
12	一時			0			修繕費	0		0	
13	所得 計	6,135,229	4,056,232	2,078,997			消耗品費	527,111	331,829	195,282	
14	雑損控除			0			減価償却費	0		0	
15	医療費控除	154,785	30,857	123,928			会議費	183,750	768,472	-584,722	
16	社会保険料控除	270,000	180,000	90,000			地代家賃	110,000	1,200,000	-1,090,000	
17	小規模企業共済	1,116,000	1,116,000	0			支払手数料	348,000	238,000	110,000	
18	生命保険料控除	112,674	112,674	0			図書研修費	1,328,400	1,243,840	84,560	
19	地震保険料控除			0			諸会費	81,000	81,000	0	
20	寄付金控除	62,000	35,500	26,500			必要経費合計	3,635,151	7,022,878	-3,387,727	
21	寡婦・寡夫			0			差引金額	4,345,229	2,080,602	2,264,627	
22	勤労学生・障害者			0			青色申告特別控除	650,000	650,000	0	
23	配偶者控除			0			事業所得	3,695,229	1,430,602	2,264,627	
24	配偶者特別			0							
25	扶養控除			0			現金・預金合計	3,485,786	4,837,144	-1,351,358	
26	基礎控除	480,000	380,000	100,000			売掛金	121,000	384,000	-263,000	
27	所得控除	2,195,459	1,949,783	245,676			長期借入金	1,800,000	3,000,000	-1,200,000	
28	課税される所得金額	3,939,000	2,106,000	1,833,000							
29	税額	360,300	113,100	247,200							
30	住宅ローン										
31	差引所得税額	360,300	113,100	247,200							
32	復興	7,566	2,375	5,191							
33	所得税+復興	367,866	115,475	252,391							
34	源泉徴収税額	430,000	350,010	79,990							
35	申告納税額	-62,134	-234,535	172,401							

給与所得控除と税率はこのように準備しておき、

■ Excelの税率表

	A	B	C	D	E	F	G	H
1	0	5%	0					
2	1,950,000	10%	97,500		0	100%	550,000	
3	3,300,000	20%	427,500		1,625,000	40%	-100,000	
4	6,950,000	23%	636,000		1,800,000	30%	80,000	
5	9,000,000	33%	1,536,000		3,600,000	20%	440,000	
6	18,000,000	40%	2,796,000		6,600,000	10%	1,100,000	
7	40,000,000	45%	4,796,000		8,500,000		1,950,000	
8								
9								
10								

給与所得控除 ／ 所得税

　上の税率表からVLOOKUP関数で必要な税率を引用し、税額を計算します。

■ VLOOKUP関数での税額計算

B29			fx	=B28*VLOOKUP(B28,税率!A:C,2,TRUE)-VLOOKUP(B28,税率!A:C,3,TRUE)					

	A	B	C	D	E	F	G	H	I
25	扶養控除			0			現金・預金合計	3,463,766	4,637,144
26	基礎控除	480,000	380,000	100,000			売掛金	121,000	384,000
27	所得控除	2,195,459	1,949,783	245,676			長期借入金	1,800,000	3,000,000
28	課税される所得金額	3,939,000	2,106,000	1,833,000					
29	税額	360,300	113,100	247,200					
30	住宅ローン			0					
31	差引所得税額	360,300	113,100	247,200					

　繁忙期前にこのファイルをそれぞれお客様ごとにつくっておき、前年分を入力しておきましょう。

　最初の年につくれば、次の年からはファイルを繰り越して使えます。

　このファイル繰越も繁忙期前にやっておきましょう。

7.　Google スプレッドシート

Googleが提供している無料のツールも便利です。

マイクロソフトのOfficeと同様の機能を持ち、それぞれ

　・Word→ドキュメント

　・Excel→スプレッドシート

　・PowerPoint→スライド

といったものがあります。

　特に便利なのは、スプレッドシート。

　例えば、Excelをお持ちではないお客様にデータを入力していただくときに使えます。

事業主借（立替）、医療費、ふるさと納税などを入力していただきましょう。

　ブラウザから使え、ソフト（Excel）をわざわざ入れなくても立ち上げなくてもよく、共有もかんたんなんです。
　スマホでも無料で入力していただけます。

　スプレッドシートにデータを入れていただいて、それをExcelで開き（またはコピーして貼り付け）、Excelで集計することもできます。

　共有することが目的で、なおかつExcelマクロを使わないものは、スプレッドシートを使っています。
　スプレッドシートでもプログラミングを使うことができますが、GAS（Google Apps Script）というExcelマクロとは言語が違うものです（Excelマクロが入っているExcelファイルは、Dropboxで共有しています）。

　進捗管理にも使ってみましょう。
　それぞれのタスクを入れ、終わったらチェックをしていきます。

　Googleドキュメントは、操作マニュアル、経理マニュアルをつくり、随時更新することに使っています。
　情報共有に便利です。
　Googleスライドはほとんど使っていません。

8.　Google Chrome

ネット上の情報を見るブラウザ。

WindowsでもMacでもGoogle Chromeがおすすめです。

処理速度が速く使いやすいからです。

　Windowsの標準ブラウザであるMicrosoft EdgeやMacの標準ブラウザであるSafariは、どちらも使いにくい部分があり、余分な機能があります。

　スマホでもGoogle Chromeを使っておきましょう。

　ブックマーク（お気に入り）やID、パスワードなどを共有できます。

　Google Chromeは、処理速度が速い分パソコンのメモリを多く使うのがデメリットです。

　パソコンのメモリは16GBはあったほうがいいでしょう。

　そして、特定のサイトを繰り返し見るなら、feedlyが欠かせません。

　ブログが更新されると、一覧で表示され、チェックできるサービスです。

　一定範囲は無料で使えます。

　ここに、情報収集先を登録しておけば、すばやくチェックできるのです。

9. Webゆうびん

Webゆうびんとは、ブラウザ上で日本郵便が提供しているサービスで、PDFやWordでファイルをこのサービスのサイトにアップロードすると、それを郵送で税務署やお客様に送ることができるというものです。

このサービスを使えば先方は、紙で受け取ることができます。
郵送の手間を劇的に減らすことができるのです。

もちろん、郵送をなくすのが大前提ではありますが、郵送をどうしてもなくせない場合は、Webゆうびんを使いましょう。

コストは、白黒1枚で99円。
切手代、プリントアウト、投函などの手間を考えれば安いものです。

私は、法人の決算書もこのWebゆうびんで税務署へ送っています。
税務ソフトで送ると、余計に手間がかかるからです。

請求書を郵送する必要がある場合も、Webゆうびんを使っています。

10.　税務ソフト、会計ソフト

　税務ソフト、会計ソフトは、おすすめというわけではなく、消去法です。

　税務ソフトは最も安いJDL組曲Majorを使っています（ただし、原則としてひとりでしか使えません）。

　会計ソフトは、お客様に合わせて、弥生会計、freee、マネーフォワードを使っています。

　クラウド会計ソフトを入れれば劇的に効率化が進むわけではありません。

　かえって手間がかかる場合もあります。

　ご自身で会計業務や確定申告をされるお客様であれば、私はfreeeをおすすめしています。

　税理士的にはマネーフォワードを使っていただいた方がいいかもしれませんが、freeeは通常の会計ソフトと使い勝手が違うため、一般の方の趣向に合う可能性が高いからです。

　Macでも使えます。

　また、freeeだと確定申告が楽です。

第9章

繁忙期をなくすために
スキルを磨こう

1. タイピング

　パソコンを使う仕事を効率化するには、タッチタイピングが欠かせません。

　キーボードではなく画面を見ながら、左右すべての指を使ってすばやくタイピングするスキルです。

　すばやく操作することで、効率は上がります。

　繁忙期をなくす鍵として、1日5分でも練習しましょう。

　e-typingというサイトもおすすめです。

　タッチタイピングせずタイピングが多少速いとしても、結局は正しいタッチタイピングを身に付けたほうが速くなります。

　またタッチタイピングでないと、ミスしやすくなり、無駄な力が入り、疲れがちです。

　次のようなことを守りつつ、時間がかかっても、練習しましょう。

・キーを見ない

・画面を見る

・ホームポジションを守る（左手の人差し指をFに、右手の人差指をJに）

・左右の10本の指を使う

・小指（左手→1、Tab, Shift, Q、A、Zなど。右手→Enter、¥、F12など）を特に意識する

　タイピングを使う仕事を増やすのもおすすめです。

書く仕事ならタイピングを使います。

電話ではなくメールを増やすことでタイピングの機会は増えるでしょう。

タイピングが遅い、手間がかかるから電話をするという考え方だと繁忙期はなくなりません。

Excelを使うこともタイピングを鍛えることになります。

会計ソフトや税務ソフトを使うときにもタイピングを意識しましょう。

会計ソフトの科目は、番号ではなく、科目名で入れたいものです。

効率化を目指すなら、テンキーのスピードを上げるのではなく、タイピングのスピードを上げましょう。

例えば「交際費」なら、「kousai……」とタイピングして入力したほうが、効率化につながります。

勘定科目コードを覚えるのが税理士のスキルという時代がありましたが、今はそうではありません（当時もそれがいいとは思っていませんでしたが）。

タイピングスキルを磨いていきましょう。

タイピングが速くなれば、メールも速くなりますし、文章を書くのも速くなり、仕事の幅も広がります。

数字は、テンキーではなくキーボード上部の1から0で打てるよう

にしておくと、文章を書くときにも役立ちます。

「6番目」という語を入力する時に、キーボードを見ずに、6のキーを押せるかどうか。

そういったことの積み重ねが、効率化です。

テンキーで、6を押すと、ロスが生じます。

スニペットツール（Phrase Express）を使うのもおすすめです。

スニペットとは断片。

!oと入力すると、「おはようございます！　井ノ上です」とよく使うフレーズが出てくるように設定できます。

日本語入力ソフトの単語登録よりもすばやく入力できるので、試してみましょう。

2.　ショートカットキー

ショートカットキーとは、マウスを使わずにキーだけを使う操作です。

マウスに手を伸ばす必要がないので、すばやく操作できます。

しかしながら、これはタッチタイピングができるという前提です。

例えばCtrl＋Lというショートカットキーがあり、そのCtrlキーとLを瞬時に押せるかどうかでスピードが決まります。

タッチタイピングを磨きつつ、ショートカットキーを使っていきましょう。

　なお、方向キー（キーボードの右下にある、上下左右の矢印のキー）はショートカットキーでも使いますが、単独でも使えるものです。

　マウスではなく方向キーを使ったほうが便利な操作もありますので、使ってみましょう。

　次のようなショートカットキーがあります。

共通	Enter	確定、OK
	Esc	キャンセル、いいえ
	方向キー（上下左右）	カーソルの移動
	Tab	入力画面で、次の項目へ移動
	Shift を押しながらクリック	連続した範囲を選択
	Ctrl を押しながらクリック	離れた複数の箇所を選択
	Alt ＋ Tab	ソフトの切り替え
	Windows ＋左（右）	ウィンドウの整列（複数のソフトを並べる）
	Windows ＋ E	エクスプローラー
	Ctrl ＋ A	全体を選択
	Shift ＋下	カーソルより後ろの文字を一括選択
	Shift ＋右（左）	選択範囲を広げる
	Win ＋ V	履歴貼り付け
	Ctrl+Shift+V	テキスト（値）だけ貼り付け
	Ctrl ＋ S	保存
	F12	名前をつけて保存
	Alt ＋ F4	ソフトの終了
	Ctrl ＋ P	プリントアウト
	Ctrl ＋ F	検索
	Ctrl ＋ Z	元へ戻す
	Ctrl ＋ Y	やり直し
Excel	Ctrl ＋ O	ファイルを開く
	Ctrl ＋ N	新しいファイルを作成
	Ctrl ＋ Shift ＋；(セミコロン＝プラス)、Ctrl ＋－（マイナス）	行や列の挿入・削除
	Ctrl ＋ H	置換
	F2	セルの編集
	Ctrl ＋ D	下方向へコピー
	Ctrl ＋ R	右方向へコピー
	Ctrl ＋ V、Ctrl、V（Ctrl ＋ V のあと、Ctrl、V と１つずつ順番に押す）	値のみ貼り付け
	Ctrl ＋ T → Enter	テーブル

Excel	Alt+Shift+［ー］	SUM 関数
	Ctrl + Shift + L	オートフィルターの設定・解除
	Ctrl + Shift + 1	桁区切り
	Ctrl + Shift + 3	日付
	Shift + F11	シートを挿入
	Alt → E → L → Enter（Alt、E、L、Enter と 1 つずつ押す）	シートを削除
	Ctrl+Pagedown(Pageup)	次（前）のシートに切り替え
	Alt + F1	棒グラフをつくる
Chrome	Ctrl +クリック	別のタブで開く
	Ctrl + D	ブックマークへ追加
	Ctrl + Shift+N	シークレットモード
	Ctrl + W	タブを閉じる
	Ctrl + Shift + T	閉じたタブを再度開く
	Ctrl + K	検索窓にカーソルを置く
	Ctrl + R	ページを更新する
Gmail	R	返信
	C	新規メール
	E	アーカイブ
	J（K）	次（前）のスレッド、Ctrl + Enter
	Ctrl + Enter	送信
弥生会計	Alt → R → Enter → Y	推移表の表示
	Alt → C → Enter	仕訳日記帳の表示
	仕訳日記帳を開いて Alt → F → I	インポート
	仕訳日記帳を開いて Alt → F → E	エクスポート
	Alt → R → Enter → Enter	残高試算表の表示
	Alt →F → C	年度の切り替え
	Ctrl+Tab（または Alt +←・→）	ウィンドウの切り替え
	Alt → W → O	ウィンドウの整列

3. マウスでの操作

　キーで操作したほうが効率的ではあるのですが、マウス操作が必要な場合もあります。

　例えば次のような場面です。

　・Ctrlキーを押しながらクリック→離れた複数の場所をクリック

　・Shiftキーを押しながらクリック→連続した場所をまとめてクリッ

　ク

・戻るボタン→ブラウザで1つ前に戻る

　この「戻るボタン」をノートパソコンのパッドにも設定しておくと
便利です。

　Windowsだと［設定］→［タッチパッドの設定］→［ジェスチャ
の詳細な構成］で設定できます。

■ パッドの設定

　⌂　ジェスチャの詳細な構成

　3 本指ジェスチャの構成

　タップ
　マウスの戻るボタン ⌄

　上
　タスク ビュー ⌄

　下
　デスクトップの表示 ⌄

　左
　アプリの切り替え ⌄

　右
　アプリの切り替え ⌄

　ノートパソコンでは、マウスよりもパッドを使いましょう。

　パッドはマウスと比べてキーボードに近く、操作の効率がいいから
です。

　ただし、パッドが小さくて使いにくい、パッドに慣れていない場合

などはマウスを使いましょう。

4.　テキストコミュニケーション

　テキストを使ってコミュニケーションできるスキルを身に付けましょう。

　税理士は、テキスト＝文章が硬くなりがちです。

　やわらかい言葉を身に付けましょう。

　専門用語も硬い言葉です。

　「宜しくお願い致します」だと硬い印象になるので、「よろしくお願いいたします」と、ひらがなを多めにしたほうがやわらかくなります。

　「来週の月曜日までに提出してください」というものも強い印象を与える言葉です。

　「来週の月曜日までに送っていただけますでしょうか」だとやわらかくなります。

　やわらかい言葉づかいを鍛えるには、ブログや、SNSがおすすめです。

　ハートマーク、絵文字を付けるというわけではありませんが、やわらかい表現を意識しましょう。

　本書もそうしているつもりです。

　・1つの文は短くする

・箇条書きを使う

・改行し、見やすくする

といったこともやっていきましょう。

また、効率化を考える上で、お客様とのやりとりを減らす工夫は大事です。

もちろん手を抜くわけではありません。

メールを何回も往復してしまうなら、メールでこちらの意図が伝わってない、わかりにくいという可能性があります。

お願いしたいことと、報告事項や雑談がまざっているとお客様は混乱してしまうものです。

お願いしたいことは、目立たせる（私は「○」を付けています）ようにしましょう。

5.　オンラインでのコミュニケーション

オンライン、Zoomでコミュニケーションがとれるようにしておきましょう。

対面とはまた違います。

違うからやらない、うまくいかないからやらない、対面にこだわるなどと言っていられる時代でもありません。

コロナ禍でも会うことにこだわるあまり、お客様に何かあったらどうするのでしょうか。

自分の鍛錬不足がゆえに、大事なお客様にご迷惑をかけることもあるのです。

ご年配や基礎疾患をお持ちのお客様、そして家族がある方も多いでしょう。

　もちろん、ご自身にも影響がある可能性があります。

　対面にこだわるあまり、仕事を失うこともあり得ることです。

　少なくとも私は毎回会う必要がある仕事は受けません。

　パーテーション、広い場所、風通し、マスク、検温など、あらゆる対策に勝るのは、会わないことです。

　さすがにオンラインで画面越しに感染はしません。

　その意味でもオンラインでのコミュニケーションを鍛えておきましょう。

　まずは、テレワーク、オンラインの位置付けを見直すべきです。

・オンラインですみません

・本来はおうかがいすべきところを申し訳ありません

・テレワークでご迷惑をおかけしています

などという気遣いは飲み込みましょう。

　その意識が、オンラインの鍛錬の邪魔をします。

　今できることは、オンラインで、対面と遜色ない価値を提供することです。

　そのために私がやっているのは、

・現実に近付けるためにカメラの性能、照明にこだわる

・聞き取りにくいということがないようにマイクにこだわる

・ネット回線のスピード、安定性を整える

・画面共有、リモート操作などオンラインならではの機能を使う

・資料をオンラインでも見やすくする

・お客様の声が聞き取りやすいようスピーカーを使う

・ペンを使い、オンラインでの説明や解説をスムーズにする

・目（カメラのレンズ）を見て話す。そのために縦型のディスプレイを使う（三脚のカメラとディスプレイの位置を合わせるため）

・Zoomの背景を工夫し、気が散るものが映らないようにする。自宅の場合は、自宅らしさを出さない（エアコン、クローゼット、窓、洗濯物など）

・お客様がオンラインに慣れていただくよう最大限のサポートをする

・背景にバーチャル背景を使わない（違和感がある）

・パソコンのカメラに近付きすぎない（大きく映らないようにする）

・自宅の場合、部屋着は避ける

・ノートパソコンだと、上から見下ろすようになることが多い。そうならないようにパソコンスタンドや別のカメラを使う

などといったことです。

コロナ禍から2年以上たっても、世の中はまだまだ変わっていません。

　ただ、オンラインの流れには乗っておきたいものです。

　こちらが会ったほうがいいと思っていても、お客様は会いたくない場合もあります。

　そして、オンラインの打ち合わせなら、双方の時間をつくることができ、繁忙期をなくすことに一歩進めるわけです。

次の繁忙期も、コロナ禍の時と同様の状況でしょう。

　もし、コロナ禍より前のような状況に戻ったとしても、オンラインでの打ち合わせという選択肢は持っておいて損はありません。

　遠方のお客様からのご依頼という可能性も高まります。

　「会わないとダメ」と考えずに、リストを見て、オンラインに移行できそうなお客様をチェックしておきましょう。

　オンライン、会わないから手抜きということではありません。

　オンラインで済むことも多いものです。

　画面共有をすることや、こちらからお客様のパソコンを操作することもできます。

　私はお子さんがいらっしゃる方には、

　・声が入っても問題ない

　・席を外してもかまわない

　・いざというときは日程変更をお気兼ねなく

　ということをお伝えしています。

　こちらもお互い様だからです。

　また、「今日はカメラなしで打ち合わせをしたい」ということもあるはずですので、その部分も配慮しています。

　オンラインで話すことにも慣れておきましょう。

6.　チェックリスト

　私はチェックリストを、お客様ごとにつくっています。

　チェックのスピードを上げるため、そしてチェックの精度をあげる
ためです。

　このチェックリストは、自分でつくらなければ意味がありません。

　他のチェックリスト、テンプレートは参考にしても、そのまま使わ
ないようにしましょう。

　自分なりのチェックの視点、間違えやすいポイントがあるものです。

　チェックリストは、改善しやすいようデジタルでつくりましょう。

　私は、Google Keepを使っています。

　私がつくっているチェックリストは、

　・法人申告

　・新規契約

　・税務調査

　・出張

　・トライアスロン

　などです。

　Google Keepは、パソコンでもスマホでも使え、データも同期
（ネットを通じて同じものにする）できます。

　パソコンのブラウザでGoogle Keepを使ってチェックリストをつく
り、スマホでチェックすると便利です。

そのときに気づいたことやミスしそうになったこと、ミスしたことは、チェックリストに反映していきましょう。

　Google Keepのチェックリストは、チェックした項目を一括してチェック解除できます。繰り返し使うことができるのです。

■ Google Keepのチェックリスト

- [ ] 消耗品費に10万円超のものはないか→少額明細
- [ ] 消耗品費に30万円超のものはないか
- [ ] 税額をExcelの試算とチェック
- [ ] 未払法人税等の金額と申告書をチェック
- [ ] 税率のチェック　法人　都道府県民税　事業税　法人地方特別税
- [ ] 当期純利益ー別表四
- [ ] 株主
- [ ] 繰越利益剰余金ー別表五（一）繰越損益金
- [ ] 法人税、住民税及び事業税ー別表五（二）損金経理による納付の合計
- [ ] 未払法人税等ー別表五（二）納税充当金

7.　メ モ

　タスク（やるべきこと）、アイデアなど何かを思いついたらすぐにかつ確実にメモできるようにしておきましょう。

　忘れてしまうのは非効率であり、覚えようとするのも非効率です。

　メモに覚えておいてもらいましょう。

　私は、パソコンではEvernote、スマホ（iPhone）では、FastEver3を使っています。

　FastEver3はiPhoneのみですので、AndroidではGoogle Keepを使いましょう（AndroidのEvernoteは処理速度が速く使いにくいからです）。

　スマホ（iPhone）のFastEver3でメモしたものは、翌朝パソコンのEvernoteで整理します。

　タスク、アイデア、お客様ごとに整理し、それらのメモを必要なときに使えるようにしているのです。

　自宅で仕事をしているときには、Google Nest Hub（AIスピーカー）を使い、声でメモしています。

　どんな方法でメモしてもかまいませんし、紙でもかまいません。

　大事なのは、

　・一元管理（1つにまとめる）

　・必ず翌朝に整理する

　ということです。

　メモが分散していると、どこにメモしたかがわからずメモを活用できませんし、整理しないと、何をメモしたかがわからなくなります。

　確実なメモスキルを身に付けましょう。

8. データインポート

データを会計ソフトへインポートするスキルを身に付けましょう。

お客様にExcelやGoogleスプレッドシートへ入力していただいたデータやすでにあるデータを、会計ソフトにインポートできれば、効率的です。

会計ソフトによって、インポートの方法が違いますので、お使いのもので、習得しておきましょう。

ポイントは、

・仕訳帳（仕訳日記帳）で取り込む

・複合仕訳は使わない

・ExcelやGoogleスプレッドシートをCSVファイルとして保存して取り込む

ということです。

弥生会計は、所定のフォーマットに合わせてExcelデータを加工する必要があり、図のように見出し行があるとエラーがでます。

またCSV（コンマ区切り）で保存する必要があります。

■ ExcelでCSV形式で保存

■ 弥生会計のインポート形式

	A	B	C	D		E	F	G	H		J	K	L	M	N	O	P		Q		R	S	T	U	V	W	X		Y
1	2000			2022/10/1	会議費		課税仕入		340		25	現金			対象外	340	25		○○カフェ 打ち合わせ		0								no
2	2000			2022/10/1	交際費		課税仕入		10000		740	現金			対象外	10000	740		㈱ABC 香典		0								no
3	2000			2022/10/1	消耗品費		課税仕入		320		23	現金			対象外	320	23		○○ストア 備品		0								no

　クラウド会計ソフトの場合、インポートのフォーマットの自由度は
上がります。

　ただし、会計ソフトごとに所定の項目名で見出しを付けたほうが効
率的です。

　「貸借金額」という項目があり、借方、貸方それぞれに金額を入れ
る必要はありません。

■ freeeのインポート形式

	A	B	C	D	E	F	G	H	I
1	日付	借方勘定科目	貸方勘定科目	貸借金額	摘要	借方税区分	借方税額	貸方税区分	貸方税額
2	2022/10/1	会議費	現金	340	○○カフェ 打ち合わせ	課税仕入	25	対象外	0
3	2022/10/1	交際費	現金	10000	㈱ABC 香典	課税仕入	740	対象外	0
4	2022/10/1	消耗品費	現金	320	○○ストア 備品	課税仕入	23	対象外	0
5									

	A	B	C	D	E	F	G
1	日付	借方勘定科目	貸方勘定科目	貸借金額	摘要	借方税区分	貸方税区分
2	2022/10/1	会議費	現金	340	○○カフェ 打ち合わせ	課税仕入	対象外
3	2022/10/1	交際費	現金	10000	㈱ABC 香典	課税仕入	対象外
4	2022/10/1	消耗品費	現金	320	○○ストア 備品	課税仕入	対象外
5							

　このフォーマットでお客様に入力していただく必要はなく、入力しやすいフォーマットで入力していただき、それを加工してインポートするようにしましょう。

　個人事業主の立替経費（事業主借）であれば、Excelに入力していただくのは「日付」「借方勘定科目」「金額」「内容」だけで十分です。
　インポートするときに、「貸方勘定科目」である「事業主借」を追加します。

　インポートにはエラーが付きものです。
　そのパターンを押さえておきましょう。
　・インポートするファイルが開きっぱなし（弥生会計の場合）
　・必要な項目がない
　・金額に端数がある
　・貸借の金額が合っていない（弥生会計）
　・会計期間が違う
　・必須項目がない

　また、インポートを忘れる、インポートを2回以上してしまうということがないように気を付けましょう。

9.　データエクスポート

　会計ソフトのデータをCSVファイルとしてエクスポートすれば、チェック、資料づくりが楽になります。

　なおかつ、ミスの可能性を減らせるのです。

　会計ソフトを見ながら、または、会計ソフトからプリントアウトして資料を見ながら入力することはやめましょう。

　エクスポートするデータと使い道は、
　・仕訳データ→ピボットテーブルで集計してチェックする、資金繰
　　表をつくる
　・推移表→チェック、決算予測をつくる
　というものです。

　弥生会計だと、仕訳日記帳（Alt→C→Enter）や推移表（Alt→R→Enter）を開き、エクスポート（Alt→F→E）します。

　場合によっては、前期比較試算表もエクスポートすると便利です。

　ファイル名は、「.csv」を付けてCSVファイルとしてエクスポートしましょう。

　CSVファイルをExcelで開くように設定しておくと効率的です。

　テキストファイルでエクスポートするとその後の処理が非効率なのでおすすめしません。

　クラウド会計ソフトの場合は仕訳帳や推移表を開いて、CSVでエクスポートします。

エクスポートしたデータをExcelファイルに貼り付ければ、数字を資料へ反映できるようなしくみをつくっておきましょう。

VLOOKUP関数でつくります。

■ 会計ソフトからエクスポートしたデータのイメージ

	A	B	C	D
1		4月度	5月度	6月度
98	売上高	23,685,955	20,517,888	22,495,062
99	[売上原価]			
100	期首商品棚卸高	561,258	503,361	521,756
101	当期商品仕入高	17,269,504	19,587,125	16,198,168
102	合計	17,830,762	20,090,486	16,719,924
103	期末商品棚卸高	578,020	581,411	514,902
104	売上原価	17,252,742	19,509,075	16,205,022
105	売上総利益	6,433,213	1,008,813	6,290,040
106	[販売管理費]			
107	給料手当	334,295	395,148	347,676
108	法定福利費	143,600	104,588	107,128
109	福利厚生費	51,525	38,343	56,548
110	接待交際費	67,740	85,441	87,745
111	旅費交通費	72,460	57,069	72,795

■ VLOOKUP関数で連動 「売上高」を探して該当箇所を表示

| B2 | | × ✓ fx | =VLOOKUP($A2,会計ソフト推移表!$A:$M,COLUMN(B1),FALSE) |

	A	B	C	D	E	F	G	H	20
1		2022/4	2022/5	2022/6	2022/7	2022/8	2022/9	2022/10	202
2	売上高	23,686	20,518	22,495	15,000	15,000	15,000	15,000	
3	売上原価	17,253	19,509	16,205	5,250	5,250	5,250	5,250	
4	売上総利益	6,433	1,009	6,290	9,541	9,541	9,541	9,541	
5	給料手当	334	395	348	5,000	5,000	5,000	5,000	
6	法定福利費	144	105	107	470	470	470	470	
7	福利厚生費	52	38	57	130	130	130	130	
8	接待交際費	68	85	88	82	82	82	82	
9	旅費交通費	72	57	73	23	23	23	23	
10	通信費	76	87	85	115	115	115	115	
11	保険料	87	53	75	130	130	130	130	
12	水道光熱費	96	89	53	144	144	144	144	
13	消耗品費	85	55	52	114	114	114	114	

　なお、Excelでデータをチェックした後、必要があれば、会計ソフトのほうを修正する必要があります。

10.　フォルダ管理

　パソコンの中にあるファイル、フォルダを整理しましょう。

　ファイルがどこにあるかわからないと効率が下がります。

　繁忙期前に整理しておきましょう。

　まず、新しいフォルダを準備します。

　仮にDataとでも名前を付けて、過去のファイルを整理しながらそこへ入れていきましょう。

　・ファイル名が曖昧なものはファイル名を付け直す

　・似たような複数のファイルがあれば、1つにまとめる

　・ファイルの中を見ても、必要性がわからないものはそのままにしておく

　というように整理します。

お客様名、年度、内容といったシンプルなファイル名を付けておきましょう。

　お客様・年度ごとに

　・資料、効率化用のExcelファイルが1つ

　・決算書、申告書のPDFファイルが1つ

　というのが基本です。

　ボリュームによっては、Excelファイルは、月次、決算の2つに分けます。

　このときにフォルダを使ってはいけません。

　フォルダにフォルダを入れていくと、目当てのファイルが見つかりにくくなり、データの整理ができなくなるからです。

　また、後述するように、検索でファイルを探す場合、検索できるファイル名をつけるには、フォルダがないほうがいいのです。

　フォルダがあると、例えば「A社」というフォルダにも、「B社」というフォルダにも「月次」というファイルをつくってしまいます。

　フォルダがなければ、「A社月次」「B社月次」というファイル名にせざるを得ません。

　それがファイル整理の上で好ましいのです。

　フォルダをできる限り使わないようにしましょう。

　ファイル名の一括整理は、フリーソフトのFlexible Renamerを使うと便利です。

　毎日5分ずつでも整理し、上で仮に「Data」と名付けた新フォルダ（以下「Dataフォルダ」とします）にはいりきらないものは、ほうっ

ておきましょう。

　もし使うことがあれば、その使った後に、Dataフォルダに整理し
ていきます。

　1年もたてば、これまでのファイルがDataフォルダのものと、既存
のものに分けられるはずです。

　Dataフォルダの整理されたものを中心に使っていきましょう。

　ファイル整理、フォルダの並び替えにはエクスプローラー（Macだ
とFinder）を使います。

　表示を［詳細］にすれば、日付順に並べることもかんたんです。

　ファイル名に日付は必要ありません。

■ エクスプローラー

　Dataフォルダには、1つだけフォルダをつくります。

　仮にInboxという名前にします。

　このフォルダには、

・その日につくったファイル

・その日にダウンロードしたファイル

・その日のメール添付のファイル

などを入れておくのですが、すぐに整理をしてはいけません。

翌朝必ず整理するようにしましょう。

■ ある日のInboxフォルダ

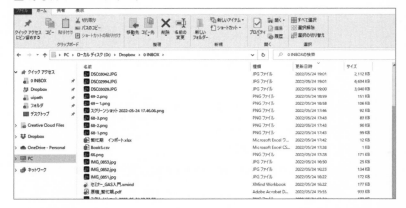

必要なものは、名前を付けてdataフォルダに入れていきます。

　そのときどきに整理しようとすると中途半端になり、結局整理ができません。

　中途半端に整理しようとせずに、ほうっておきましょう。

　翌朝、落ち着いて整理したほうがうまくいきます。

　必要がないファイルは、削除し、必要なファイルは、適切な名前を付けて保存していきましょう。

　ファイルは検索で探すようにしましょう。

　そうしたほうが、ファイル名をきちんと付ける習慣が付きますし、

フォルダをひたすらクリックして押さずに済みます。

　Windowsなら、Windowsキーを押す

　Macなら、Command＋スペース

　が、検索の操作です。

■ ファイルを検索で探しているところ

　なお、パソコンのデスクトップにファイルは置かないようにしましょう。

　非効率ですし、見た目も好ましくありません。

　ファイル名にお客様名が入っていると、他のお客様に見えてしまう可能性もあります。

Zoomで画面共有をする場合にもデスクトップにファイルがあるのは、見た目、機密情報保護の点で好ましくありません。タスクバー、スタート（メニュー）も整理しましょう。

■ 私のデスクトップ、スタート、タスクバー

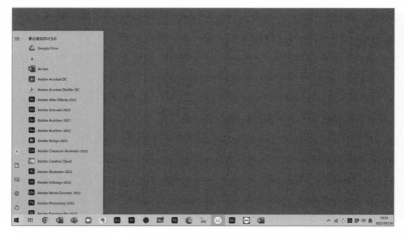

　使いたいものやよく使うものを置き、必要のないものは右クリックして、[スタートからピン留めをはずす] [タスクバーからピン留めを外す] で消していきましょう。

　整理整頓は効率化の基礎です。

11.　PDF 結合

　PDFファイルはできる限りひとまとめにしておきたいものです。

　確定申告関係だと、「○○様　2022年確定申告」と1つのPDFファイルにしています。

　確定申告書と決算書（ある場合）、受信通知が1つのファイルです。

　PDFファイルをひとつにするには、PDFを結合できるソフトが別途必要になります。

　おすすめは、Adobe Acrobat DCという有料版です。

　私は、他のソフトとともにAdobe Creative Cloud（写真編集や動画編集のソフトとセット）を使っており、単体で契約するなら、Adobe Acrobat Standard DCは月額1,500円ほどです。

　このソフトだと、PDF結合、分割、編集が楽になるので、単体でも契約する価値はあります。

■ AcrobatでPDFを結合

　もしフリーソフトでPDF結合をするなら、CubePDF Pageなどがあります。

　国税庁のサイトのPDFは、編集や結合ができないよう保護されている場合があります。

その場合は、Chromeで開き、Chromeでプリントアウトの操作で
PDFにすれば編集、結合ができるようになりますので、やってみてい
ただければと思います。

■ プリントアウト操作でPDF化

12.　スキマ時間に仕事をするスキル

　スキマ時間を有効に使うことは効率化を図るうえで大事なことで
す。

　ただし、原則は、スキマ時間をつくらないこと。

　まとまった時間をつくって集中して仕事をすることが大前提です。

　それでもスキマ時間ができたら、パソコンで仕事ができるようにしておきましょう。
　ちょっとした待ち時間にスマホで無理をして仕事をするよりも、パソコンのほうが効率的です。
　あくまでパソコンがメイン、スマホがサブと考えましょう。

　私は電話をしないので、その機能も重視していません。

　外でメールを見る、必要であればデータを見る程度で十分です。
　あえていえば、バッテリーが消耗していて、電池が持たないものは避けましょう。
　2年に1回程度は買い替えたいものです。

　スマホは、テザリング機能で、パソコンをネットにつなぐことができます。
　どこでもパソコンで仕事ができるよう（迷惑にならないよう）にしておきましょう。
　スキマ時間を有効に使えます。

　どの仕事をするかは、ご自身で決めておきましょう。
　車の中でちょっとした時間にパソコンを使うこともできます。

　パソコンを使えないような場面、例えば、
　・電車で立っているとき、座っていても人が多いとき
　・エレベーター、エスカレーター

・電車の待ち時間

などは、スマホで本（Kindle）を読んでいます。

税理士業だけではなく、効率化の本を読むのもおすすめです。

どこでも読書できるKindle。

紙のほうが読みやすい、紙じゃないと読めないと、Kindleを使わないのはもったいないことです。

そして、歩いているときは、仕事をすることは諦めましょう。

音楽でも聞きながらリラックスしていれば十分です。

歩きスマホ・歩き電話は効率的なようでそうではありません。

歩きながら無理して仕事をするよりも、もっと効率化すべきところはあります。

13. キャッシュレス決済を使う

普段から時間を削っていきましょう。

コンマ1秒まで意識するくらいの覚悟が必要です。

ゆっくりするときはゆっくりし、そうする必要がないところは削ります。

例えば、行列に並んではいけません。

並んだら負けです。

時間をずらす、予約するなど、行列に並ばなくていい方法はいくらでもあります。

　渋滞も同様です。

　そして、レジに並ぶのをやめましょう。
　セルフレジなら使う人がいまのところ少ないので並ばずにすみます。

　現金支払いをしていないでしょうか？
　今や交通系ICカード、PayPayなど現金を使わずに払う方法はいくらでもあります。
　現金を数えて払い、おつりを受け取る手間は無駄です。
　店員さん、列の後ろに並ぶ人を待たせてしまいます。
　自分以外の人の時間を奪わない意識を持ちましょう。
　効率化で大事な観点です。

　またスマホで予約できる場合もあり、カフェのスタバでは、モバイルオーダー＆ペイというサービスがあります。
　スマホで事前に注文、決済して、後はお店に取りに行くだけです。
　レジに並ぶような方は、繁忙期とも縁があります。

　走って移動しましょうとまではいいません。
　しくみで解決できるものがあれば、積極的に使っていきましょうということです。

14. 時間管理

繁忙期をなくすには、時間管理のスキルが欠かせません。

私は、自作のExcelで時間管理をしています。

タスクごとに分単位で所要時間を見積もり、実績を記録するものです。

■ Excelによるタスク管理

	A	B	C	D	E	F	G	H	I	J	K
1	基準日	5/24(火)	生まれてから	18,055	5/25(水)	14.13	4	0.6	11	5.8	18
2			50歳まで	208	5/26(木)	1.73	5	0.0	12	0.0	19
3	現在時刻	2022/5/24 19:58	60歳まで	3,861	5/27(金)	24.52	6	0.0	13	0.7	20
4	終了予測	16:00	75歳まで	9,339	5/28(土)	0.00	7	1.6	14	0.0	21
5	タスク数	34	ブログ	5,434	5/29(日)	0.07	8	1.2	15	0.0	22
6	完了	25	Y	1,900	5/30(月)	0.73	9	0.6	16	0.0	23
7	残り	9	y¢	79	5/31(火)	0.27	10	0.1	17	0.1	24
8			m	3,350							
9	■	月日	r	時間	チェック	0 朝のタスク・タスク	見積（分）	実績（分）	差異	開始	終了
10	1	2022/5/24(火)	d	4	done!	0 朝のタスク・スケジュール確認	18	16	2	5:45	6:01
11	1	2022/5/24(火)	d	4	done!	02 メルマガ税理士進化論	18	28	(10)	6:01	6:29
12	1	2022/5/24(火)	h	7	done!	Twitter	4	11	(7)	6:29	6:40
13	1	2022/5/24(火)	h	7	done!	インスタ	4	0	4	6:40	6:40
14	1	2022/5/24(火)	d	7	done!	03ブログ更新	70	55	15	6:40	7:35
15	1	2022/5/24(火)	d	7	done!	5分27側掃除	5	25	(20)	7:35	8:00
16	1	2022/5/24(火)	d	8	done!	ひとりしごと研究会	12	15	(3)	8:00	8:15
17	1	2022/5/24(火)	d	8	done!	朝食	17	22	(5)	8:15	8:37
18	1	2022/5/24(火)	h	8	done!	保育園	33	24	9	8:37	9:01

Excelベースで動作するTaskChute（タスクシュート）という手法で、アプリやファイルが販売されていますので、気になる方は試してみていただければと思います。

その手法は、

・やるべきこと（タスク）、スケジュールをすべてExcelに入れる（初回はある程度）

・タスクをいつやるかを決め、所要時間を見積もる

・その見積時間の合計がその日の仕事終了時刻になっているかを
　チェックする
・もし、そうでなければ、再度タスクの計画を見直す
・タスクを実行し、実際にかかった時間を記録する
・記録と見積りとの差異を把握し、それを今後に活かす
という流れです。

思いついたタスクはその都度メモし、いつやるかを決めます。
いわば時間の予実管理をするのがこの手法です。

多くの場合、
・タスクの見積りが甘い（見積りよりも多くの時間がかかる）
・1日にできることはそれほどないことを認識していない
そして、仕事が多すぎるのです。
それを自分に知らしめ、時間の感覚を厳しく刻み込むのがこのタスク管理。
繁忙期前に挑戦してみましょう。

時間管理をする上で、スケジュールには気を付けましょう。
タスクとは自分の予定、スケジュールとは他人との予定です。
このスケジュールを、安易に入れないようにしましょう。
自分の時給・価値を考えて、「1時間の打ち合わせ」や「ご挨拶」などといった予定を軽々と入れないことです。
原則として、1日にスケジュールは1つ。
平日の1日はスケジュールを入れないくらいを目指しましょう。

私はそうしています。

　そのスケジュールで食べていけないということは、単価が低すぎるか、コストをかけすぎているということになります。

　あなたの提供していることはそんなに価値がないことでしょうか。
　多くの場合、安すぎます。
　「だって周りの税理士は安い」と思うかもしれません。
　繁忙期をなくしたい税理士とそんなことは考えない税理士で、時間の使い方、値付けはまったく違うものです。

　あなたはどちらでしょうか?

15.　グラフ

　お客様には数字をお見せするよりも、グラフで視覚的にお見せしましょう。
　グラフは効率的に資料をつくることもできます。
　会計ソフトからプリントアウトした資料は、お客様にとってわかりやすいものではありません。
　資料を別途つくるのは、時間がかかるものですが、ここは時間をかけるべきところです。
　Excelでグラフをつくりましょう。

　会計ソフトのデータをExcelにし、それをグラフにすればそれほど

手間がかかりません。

　ちょっとした手間で、ひと目でわかる資料をつくることができるのです。

　グラフはExcelでデータを選択して、Alt+F1でつくることができます。

■ データを選択

	A	B	C	D	E	F	G
1							
2	2022年4月	1705917					
3	2022年5月	1375977					
4	2022年6月	1316397					
5	2022年7月	1265956					
6	2022年8月	1093073					
7	2022年9月	1548735					
8	2022年10月	1475353					
9	2022年11月	1537910					
10	2022年12月	1972459					
11	2023年1月	1821176					
12	2023年2月	1962637					
13	2023年3月	1799178					
14							

■ Alt+F1で棒グラフ

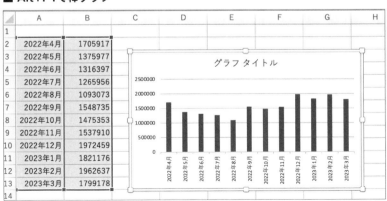

棒グラフをまずつくり、デザインを整えていきましょう。

■ デザインを整えたグラフ

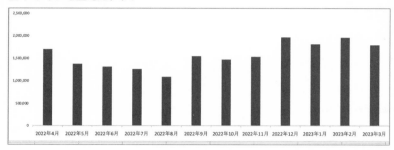

　必要に応じてグラフの種類を折れ線グラフや円グラフにしますが、
9割は棒グラフで十分です。

　資料は、Wordでつくってはいけません。

　文章がびっしり詰まっている資料はわかりやすいとはいえないから
です。

　なおかつ明朝体だと、役所の文書のようになってしまいます。

　役所の文書や表現を多く見ている税理士は、それらに影響されな
いようにしなければいけません。

　お客様に合わせた資料をつくりましょう。

　Wordを資料作成に使うことを、原則として禁止するのもおすすめ
です。

16.　プログラミング

　プログラミングは効率化に絶大な効果があるものです。

しかしながら、習得までに時間がかかります。

それでも繁忙期までに挑戦してみましょう。

プログラミングを学ぶと効率化の基本が身に付きます。

・データを整えておく

・仕事をルール化する

・タイピングスキルが必要

ということを学ぶことができるのです。

税理士業に、理論＝税法は大事でしょう。

同じ様に効率化の理論として、プログラミングを学ぶのはおすすめです。

おすすめなのは、

・Excelマクロ（VBA：Visual Basic for Applications）

・RPA（UiPath）

・GAS（Google Apps Script）

・Python

です。

この順番に取り組んでみましょう。

Excelマクロ、RPAだけでもかまいません。

なお、RPAもプログラミングの一種であり、かんたんではありません。

ただし、これらのプログラミングを外注しないようにしましょう。

外注するくらいなら、使わないほうがましです。

外注すると、多くのコストや時間がかかります。

それでいて十分に効率化できなくなるのです。

なぜ、使いにくいソフトがあるのか。

それは、つくる人と使う人が違うからです。

つくる人は使っている人のことを考えているようで考えていません。

意見を出すのは、使っていない人であることも、その悲劇を生んでいます。

外注でも同様の問題が起きるのです。

例えば、RPAを外注して、それがうまく動かなくなったらどうしようもありません。

お金を払い続けられるのであれば解決できますが、そうもいかない場合も多いでしょう。

簿記を理解せずに会計ソフトを使うとどうなるか。

体験したことがある方も多いでしょう。

プログラミングも同じことなのです。

この問題の解決策は、使う人がつくること。

今は、それができる可能性があります。

しかしながらかんたんではありません。

心して取り組みましょう。

17.　力を抜く

税理士になるような方は、

・真面目

・硬い

そして、

・力を入れすぎている

という傾向にあります。

私も含めてそうです。

力を抜けるようになりましょう。

力を入れるはもちろん、力を抜くのも難しいものです。

力を入れることが正義＝プラス

力を抜くことが悪＝マイナス

ではありません。

　例えば、税理士は公的な仕事である、といった自己認識が余計な力を入れてしまう理由のひとつでもあるかもしれません。

　税理士はたしかに国家資格ではありますが、ひとりの生身の人間です。

　すべてを背負いすぎないようにしましょう。

　「断りきれないタイプ」という言い訳は捨て、自分を守るべきです。

　その言い訳が繁忙期を生んでいます。

お客様の力も借りましょう。

　繰り返しますがすべてをこちらで背負う必要はないのです。

　お願いしてみると、意外とすんなり通ることもあります。

　データ入力が好きという方もいらっしゃいますし、「自分のことだから自分でやりますよ」という方もいらっしゃるのです。

　それを、こちらがすべて引き受けてしまう、いわば取り上げてしまうのは、正しいことでしょうか。

　「危ないから」と子供に何もさせないのと同様です。

　電話があったらすぐ出なければいけないと思っていないでしょうか。

　着信に気付いたらすぐにかけ直さなきゃ、今日中にかけなきゃと思っていては疲れ果ててしまいます。

　もちろん、早いに越したことはありませんが、すぐの対応をお客様も求めていないものです。

　そして、電話を使うことも求めていません。

　すべてを話さなければいけない、説明しなければいけないと思っていないでしょうか。

　何を伝え、何を伝えないか。

　その判断をするのもプロの役目です。

　たくさんの資料、立派なファイルがあなたの価値でしょうか。

　お客様にしてみれば資料があってもご覧にならない可能性が高く、立派なファイルは邪魔になっているかもしれません。
　ましてや総勘定元帳にインデックスを付けていないでしょうか。
　総勘定元帳はメインの商品ではありません。

　お客様がなくすといけないからと、それらの資料やファイルなどをこちらでずっと預かっていないでしょうか。
　そうしていると、いくらスペースがあっても足りなくなります。

　営業を受けて逐一対応していないでしょうか。
　問い合わせフォームから来る営業にいちいち対応していたらきりがありません。
　いらないものはいらない、興味がないものは興味がないとはっきりと伝えましょう。
　せっかく来てくれたから、せっかく声をかけてくれたからという情けは必要ありません。

　経理のチェックに力が入りすぎていないでしょうか。
　科目、摘要にこだわりすぎてもお客様は喜びません。

　内訳書、申告書、概況書。
　すべてに力を入れていても誰も喜びません。
　喜ぶのは、自分だけです。
　営業に力を入れすぎていないでしょうか。
　いい格好だけをしていてもミスマッチとなるだけです。

執拗に迫っていないでしょうか。

営業でしつこいのは逆効果です。

力を抜いて、「こういう税理士ですが、よかったら」くらいがちょうどいいものです。

ブログやメルマガといった発信も力を入れすぎていたら続きません。

続けられるくらいの発信で評価していただいたほうがミスマッチはなくなります。

「こんなこと書いても誰も読まないかもしれない」というものをたまに書いてみましょう。

そういう練習が必要です。

「これやめてもいいかな」というものを試しにやめてみましょう。

それで困ったらまた戻せばいいだけです。

そうしていかないと、力をうまく抜くことができません。

18. ひとりの時間をつくる

ひとりになる時間をつくりましょう。

ひとりで仕事をしているとしても、本当の意味でひとりになる時間はないものです。

人を雇っていればなおさらでしょう。

30分でも1時間でもカフェやホテルでひとりになって考える時間をつくり、常に自分を見直しておきたいものです。

　メール、電話、チャットなどをオフにし、SNSなども見ず、いわば
デトックスしましょう。

　ただ、普段からそういった状況にいることが理想ではあります（私
はそうしています）。

　また、文章を書くことをおすすめします。

　ブログやメルマガを書いているときは、ひとりであり、自分と対話
できるのです。

　その対話の結果をフィードバックし、より自分を知ることができま
す。

　そして繁忙期でもその習慣を続けましょう。

　立ち止まって考える習慣があってこそ、繁忙期をなくせます。

19.　運動する

　運動の習慣を取り入れましょう。

　時間管理の観点からもおすすめです。

　運動する→その時間をどうつくるかと考えるようになります。

　手軽に始められるのは、ランニング。

　繁忙期の冬の時期は寒いので日中に走るようにしましょう。

　日中に走るとなると、効率化の難度が上がります。

　それがいいのです。

運動して体をほぐし、効率化もできれば、成果につながります。

私は、2019年の交通事故のあと、走れなくなり、その他の部分にも支障がありました。

今は、走れるようになり、体の調子もよくなっています。

やはり運動しなければ、体に悪影響があります。

ランニングの他には、自転車、ウォーキング、水泳、ヨガなどもおすすめです。

オンラインでできるヨガなら、より手軽にできます。

そして、運動をしていない方も、整体に行って体を整えておきましょう。

税理士という仕事は、体も酷使します。

痛くなる前にメンテナンスしておきましょう。

第**10**章

12月は、年末調整を
仕上げよう

1. 年末調整は12月に

年末調整を効率的に進めなければ、繁忙期はなくなりません。

まずは、年末調整を12月に終えるよう計画しましょう。

12月の給料日または、12月中に還付するというのがゴールです。

1月に延ばしてしまうと、その後に影響があり、繁忙期になってしまうのです。

12月に終えることから逆算して、年末調整のスタートを決めましょう。

そのためには、年末調整資料の依頼を早めなければいけません。

クラウドではない年末調整では、例えば、10月の月次打ち合わせのタイミングで用紙を配り、11月には回収したいものです。

その回収の際には、そろっているものだけでいい旨を伝えましょう。

9割でも集まっていればありがたいはずです。

年末調整資料を預かる場合、基本は紙になりますが、場合によっては、写真を撮っていただく、または、スキャンしていただき、メールで送っていただくか、共有していただきましょう。

お互い効率的です。

現物を確認したいならこの方法はできませんが、そうでないならば、簡略化はできます。

クラウドでの年末調整でも、チェックのため証明書はお預かりする必要があります。

　スキャンして給与計算ソフトへアップロードしていただくこともできますが、実質的には、現物をお預かりすることになるでしょう。

　顧問契約のお客様の数が多いと、年末調整の数も増えていきます。
　その結果、12月以降が繁忙期になるのです。

　顧問契約を増やしすぎない、もし現時点で顧問契約が多すぎるなら、その数を減らすということが、税理士業の効率化では、欠かせません。

　1月の給与支払報告書の効率化は、年末調整を早く終えることが大前提です。
　そこまで終わっていれば、あとは、税務ソフトまたはeLTAXで提出しましょう。

　12月、1月の業務については、進捗を確認するリストをつくるべきです。
　・年末調整
　・源泉納付
　・源泉所得税納付
　・給与支払報告書
　・償却資産申告書
といったチェックリストをつくり、もれがないか確認します。
　完結できるところは、確実に、かつ、先に手がけていきましょう。

■ 12月・1月業務の進捗確認リスト

	A	B	C	D	E	F
1			井ノ上陽一税理士事務所	株式会社タイムコンサルティング	A社	B社
2		納付		ダイレクト	ダイレクト	ダイレクト
3		住民税		特別徴収	特別徴収	普通徴収
4	年末調整	用紙配布				
5		用紙回収				
6		給与データ集計				
7		給与データ取込				
8		チェック				
9		還付連絡				
10		源泉徴収簿・資料返却				
11		源泉徴収簿PDF				
12		源泉徴収票PDF				
13		源泉徴収票送信				
14	源泉納付	源泉納付データ集計				
15		送信				
16		メール				
17	住民税	データ作成				
18		送信				
19	法定調書	データ作成				
20		配布分出力				
21		送信				
22		合計表出力				
23		メール				
24	償却資産	データチェック				
25		送信				
26		PDF				
27		送信				
28		メール				

2.　年末調整の給与データ整備

　年末調整は、給与データの整備が肝です。

　給与計算ソフトが入っていれば整備ができていますが、そうでない場合は、これをできる限りデータで集めましょう。

　・給与計算ソフトを入れる、入れていただく
　・Excelに入力していただく
　・既存のExcelファイルから集計する
　という方法があります。

　ときには、給与ソフトの利用料をこちらが負担してでも入れていただくことも考えましょう。

　初年度のみ負担するという提案もできるはずです。

　クラウドの給与計算ソフトなら、給与明細を紙で配ったりメールで送ったりしなくて済み、お客様も助かります。

　それぞれ社員の方が、クラウドにアクセスして、明細を確認し、必要であればプリントアウトできるというしくみです。

　年末調整時に、お客様側で用紙を配り回収する手間もなくなります。

　このタイミングで、給与計算ソフトを提案してみましょう。

　提案するならばクラウドがいいでしょう。

クラウドならば、給与明細の他、
・年末調整では、各社員にログインしていただき、入力していただ
　ける
・源泉徴収票をネット上で確認していただける
というメリットがあります。

　ただし、初回は、全員のメールアドレスを集める必要もありますし、
操作方法の説明、マニュアルづくりもしなければいけません。
　提案は早めにしておきましょう。
　なお、国税庁の年末調整アプリは、各社員からデータを集めること
ができるのですが、年末調整の計算はできません。
　また、それぞれのパソコンにソフトをインストールまたはスマホに
アプリをインストールしていただく必要があり、敷居が高いものです。
　導入は考えなくてもいいでしょう。

　それ以外にも、私は、Excelで給与計算ソフトをつくっています。
　マクロの知識とスキルが必要なので、かんたんではありません。
　ただそこまでつくりこまなくても、Excelに給与データを入力して
いただくだけでも助かるはずです。
　そこで所得税などが計算できるようにしておけば、お客様も楽にな
り、こちらも楽になります。

　何としてでも給与データの整備にこだわりたいものです。
　そのデータをご自身の年末調整ソフトに取り込むようにします（年
末調整機能がある給与計算ソフト以外の場合）。

そういった流れのテストを、12月より前にやっておきましょう。

3.　償却資産申告の準備

　繁忙期対策では、償却資産申告書の効率化も欠かせません。

　会計データと固定資産台帳の数字は一致しているかと思いますが、固定資産台帳と償却資産申告書の数字が合っていない場合もあります。

　その場合は、数字を合わせておきましょう（役所に連絡しなければいけない場合もあります）。

　その後が効率的になります。

　会計データを整備すれば毎年楽に償却資産申告書をつくることができます。

　また、年内に買った資産はその都度または9月から11月の段階で固定資産台帳に一度入れておきましょう。

　1月になったら、12月の資産を確認します。これで固定資産台帳は確定します。

　また、償却資産の対象となる少額償却資産を反映させるために、会計データで少額償却資産がわかるようにしておいていただきましょう。

　なお、繁忙期をなくすためとはいえ、償却資産申告書や法定調書

などを、先延ばしにして、3月または5月に提出するのはやめましょう。

　根本的な解決策ではありません。

4.　法定調書の効率化

　法定調書では、
　・集計をまめにやっておく
　・補助科目で分けておく
　・法定調書に絡むものは科目を分けておく
　といったことをしておきましょう。

　源泉所得税を引くものと、そうでないものの科目を分けておくと、集計、確認が楽です。
　報酬の支払調書は、本人へは送っていません。
　本人へ送る義務はないからです。
　支払調書を求める方には、お客様にPDFをお送りし、その後配布していただくようにしています。

　法定調書に手間をかけてもお客様に喜んでいただけません。

　このあたりの1月業務を、1月20日ぐらいまでに終わらせておきたいものです。
　後回しにすると確定申告にしわ寄せが来ます。
　逆算すると、やはり年末調整を効率化するしかなく、給与データを

集めるところから見直してみましょう。

第11章

1月は、確定申告を始めよう

1. 年明けにやっておきたいこと

年末年始をどう使うか。

しっかり休むのもいいでしょう。

私は、暦どおりにしています。

平日は仕事、金土日祝は税理士業禁止というパターンは崩しません。

1月1日は祝日扱いです。

1月末が期限の仕事である源泉所得税特例納付、給与支払報告書、法定調書、償却資産申告書を中旬、遅くとも20日までには終わらせます。

その前にやっておくのは、1月4日にやると決めている自分の確定申告です。

その年の確定申告の勘を取り戻すためにも1月4日に確定申告をしています。

国税庁の確定申告申告書等作成コーナーは、例年1月4日から使えるので、そこでウォーミングアップします。

一回使っておくと、確定申告で昨年から変わったところがわかります。実際にマイナンバーの読み取り形式がQRコードになったことも経験できました。

そこで確定申告モードに切り替え、3月までに終わるようにすれば

いいということです。

　税務ソフトの対応を待っていたら、1月末からしか確定申告ができません。
　仕様変更のためいたしかたないことなのかもしれませんが、それが繁忙期を生んでいるのです。
　先手を打つためにも、確定申告書等作成コーナーを使う意味はあります。

　ご自身の確定申告のみを税務ソフトではなく、確定申告書等作成コーナーを使うこともできますので、早期に確定申告をすることを目指しましょう。

　会計ソフトと確定申告ソフトは連動していなくてもさほど困りません。
　月別の売上や損益計算書、貸借対照表は入力する必要があります（私はRPAで自動入力しています）。

　また、自身が経理をし、確定申告を早期に終えておければ、お客様にもそれを説得力を持って伝えることができるでしょう。
　経理をしましょうと言って税理士自身がやっていなければ説得力はありません。

　税理士事務所の源泉所得税を集計しておけば、それを法定調書の基礎データとして使うこともできます。

年明けに自分自身の確定申告をするメリットは大きいのです。

2. 源泉所得税特例納付の効率化

年が明けると、源泉所得税の特例納付という仕事があるでしょう。
この業務を効率化するには、e-Taxを使うことです。

私はRPAを使っていますが、そこまでやるかどうかは別として、
e-Taxで手続きするようにしましょう。
納付書は一切使いません。

もし納税額がない場合も、e-Taxならばそのデータを楽に送信する
ことができます。

源泉所得税を払う場合、ダイレクト納付の手続きをしておけば、こ
ちらで手続きし、引き落とすことができ、やりとりを減らせるのです。
納付書を送って、金融機関で支払っていただく必要もありません。

ダイレクト納付には、期日を指定しての引き落としと、その場での
引き落としがあり、私はその場での引き落としでお願いしています。

引き落とすことができたかどうかは、国税庁のメッセージボックス
で確認しましょう。
引き落としが失敗した場合のみ、連絡するようにしています。
「何かあったら連絡します」としておけば、お互い楽です。

　源泉所得税の特例納付は、年明け、1月5日の週に終えておきましょう。

　そこから逆算して年内に集計を進めておきたいものです。

3.　打ち合わせ日の設定

　確定申告の打ち合わせ日を決めてしまいましょう。

　「いつにしましょうか」と日程を決めれば、通常はその日までに仕上げてくださいます。

　期限を決めることが大事なのです。

　もちろん、無理なスケジュールを強いるのではありません。

　2週間先、3週間先、1か月先に設定すれば十分でしょう。

　「ギリギリになりそうだな」と思われる方は、少し厳し目に設定します。

　そこでいい意味のプレッシャーをかけるというのが大事です。

　「入力が終わったら連絡をいただけないでしょうか」というスタンスだと、効率も落ちるものです。

　期限までの日数があればあるほど、先延ばしになるので、こちらでリーダーシップをとりましょう。

　自分の色に合ったお客様であれば、お客様側から早めにご連絡いただけます。

　私の場合、2月初めが確定申告のピークです。

　といっても繁忙期ではありません。

こちら側が、「1月に資料をいただければありがたい」「1月に資料を出していただいてもかまわない」ということをきちんと伝えておきましょう。

　さらには、2月16日前に確定申告をしてもいいということは、きちんと伝えるべきです。

　「2月16日から確定申告受付」というのは真実ではありますが、それ以前に提出、納税はできます。
　しかしながら、2月16日前に、税理士に資料を出してはいけないと思っている方も一定数いらっしゃるものです。

　個人事業主（フリーランス）の方には、「私も個人事業主であり、1月4日に確定申告をしている」ことを伝え、前年のお金のことをずるずる先延ばしにしてはいけないということを示しています。

　個人事業主が仮に3月15日に確定申告を終えるとしたら、新しい年が始まって2か月半もたっています。
　そんな状況をなくしたいという思いもあり、繁忙期をなくしてきました。
　税理士が繁忙期であるがゆえに、確定申告が遅くなるようなことがあってはいけません。
　私は新規の方以外で、3月以降に確定申告の仕事をすることは原則としてありません。

　確定申告のお知らせは、特にしていません。

　もし一律でそのお知らせを送っているのなら、個別に連絡したほうがいいでしょう。

　それぞれのお客様ごとに、違いますので、準備していただくものも違います。

　それぞれにお送りしましょう。

　確定申告に必要な資料は紙でいただきません。

　メールやデータ共有で受け取るようにしましょう。

第12章

2月・3月も楽しもう

1. 2月になったら読んでおいていただきたいこと

これまで覚悟を決め、計画し、準備を進めてきたかと思います。

2月になれば、あとはきっちり走り切ることです。

その2月になっても意識しておいていただきたいことがあります。

本書をお読みいただいたなら、「繁忙期がなくなったらこうしたい」と思うことを少しでも手がけていただいたでしょう。

時間的にも気持ち的にも苦しいかもしれませんが、それを2月、3月も諦めずに続けていただきたいのです。

- ・趣味をしたい人は趣味をする
- ・税理士業以外の柱を持っている方は、その仕事をする
- ・運動をしたい人は運動をする
- ・旅行をしたい人は旅行をする
- ・家族と過ごしたい方は、家族と過ごす

そこが繁忙期をなくすうえで最後の砦となります。

その砦を崩してしまい、仕事だけになってしまうとまた元どおりです。

可能な限り仕事を圧縮し、

- ・土日祝は休み
- ・夜は仕事をしない
- ・平日1日は税理士業をしない

ということに挑戦してみましょう。

2. 確定申告の給与所得の効率化

確定申告で、給与所得がある場合、

・源泉徴収票を先に入手

・こちらで年末調整をしているなら、その分を整理しておく

ということをやっておきましょう。

これをまずは、試算のExcelにいれます。

給与のみを入れれば、税額から源泉徴収税額を引いた納税額は0に
なるはずです。

0になっていれば入力が合っているということですから、間違いが
ないことを確かめてから、他のものを入れています。

私はそのExcelデータをRPAで税務ソフト（確定申告書等作成コー
ナー）に入れています。

RPAは小分けするのがポイントです。

私は、

・ログイン

・給与所得

・事業所得

・医療費

・ふるさと納税

・確定申告書から電子署名まで

と小分けにRPAをつくり、必要な部分で、実行しています。

最初から最後までつくるよりもエラーチェックがしやすく、使いやすいです。

給与＋医療費、事業所得＋ふるさと納税など、さまざまなパターンにも対応できます。

3. 医療費控除、ふるさと納税の効率化

私は医療費控除についてはExcelに入力していただくものと定義しています。

領収書に書かれた数字を入力することは、今はありません。

Excelのフォーマットをお送りして入力していただいており、それを加工して税務ソフト（確定申告書等作成コーナー）へ取り込んでいます。

医療費通知は、到着が遅く、完全ではないので、使っていません。

ふるさと納税もデータでいただくというスタンスです。

Xmlデータで取り込むことができればそうしていますし、そうでない場合はExcelからRPAで入力しています。

その元データは、Excelです。

お客様からは、ふるさと納税のサイトのデータをExcelに貼り付け

ていただき、それをExcelで加工しています。

　ふるさと納税の証明書をいただき、別途郵送すればいいのかもしれませんが、余計に手間がかかる可能性が高いです。

　また、紙を扱いたくないため、お客様に保管していただいているだけにしています。

4. 請求の効率化

　確定申告の請求に時間がかかると、その請求が4月以降になってしまいます。

　その結果、3月決算その他の仕事に影響してしまうのです。

　請求も効率化しましょう。

　前受金にする、当月にすぐ発行するというルールを決めておきましょう。

　また、郵送ではなく「PDFでお送りします」と最初のうちに言っておきましょう。

　基本的に、「1日」に請求書を出すようにしています。

　確定申告の時期でも同様です。

　請求金額のルール、値付けも決めておいたほう請求が効率的になります。

　金額をまちまちにしてしまうと、請求の時間もかかるものです。

　請求書は、Excelに一覧にし、それをExcelマクロで請求書にし、

PDFにしています。

　その際、送付先やお客様名は、マスターデータ（お客様リスト）から連動するようにしましょう。

　その連動に便利なのは、XLOOKUP関数（もしお使いのExcelになければVLOOKUP関数）です。

　請求書ソフトや会計ソフトの請求書作成機能は、使っていません。

　これらを使うなら、繁忙期前にテストしておきましょう。

5.　資料作成、チェックの効率化

　確定申告のチェック、そして資料作成は同時にやりましょう。

　P136の確定申告試算Excelを使って、前年と比較すれば、ミスが見つかりやすくなります。

　前年との差異を出しておけば、お客様への説明にも使えるのです。

　事業所得の場合は、B/S、P/Lの比較もしておきましょう。

　これもチェック、アウトプットを兼ねるものです。

　試算するのは、税務ソフトを立ち上げて、ページを切り替えながらデータを入れるよりも、Excelのほうが圧倒的に速くできます。

　またExcelで試算することにより、自身の税務知識の確認にもなります。

　改正点があっても、Excelと税務ソフトのダブルチェックができるのです。

　税務ソフトには、最後の最後で、入れましょう。

　e-Tax提出用に入れるだけのものです。

　Excelだと、e-Taxで送ることができませんので、税務ソフトは確認・提出用にしています。

6.　控作成・返却の効率化

　確定申告書の控は、申告後すぐにつくるようにしています。

　申告後、すぐPDFにして、メールで送るか共有します。

　お客様は控には興味を持たれていないものです。

　結果（納税額、還付額）や今後のことをお伝えして、控はそっと渡しましょう。

　郵送は極力なくしたいものですが、どうしてもの場合は、レターパックで送ります。

　すぐ送るというのも大事です。

　先延ばしにして、すぐに控を送ることができないのなら、仕事量が多すぎるということになります。

　これを4月まで先延ばしにすると、4月いっぱいは請求ということになり、繁忙期は3月以降も続いていきます。

　総勘定元帳も過度に手をかけないようにしましょう。

税務調査時に困らない程度で問題ありません。

7. 契約更新

　3月は、繁忙期の仕事、特に確定申告の仕事に関して、契約の見直しをしましょう。

　契約を更新するかどうかという話は、控を返却するときにしやすいものです。

・断りきれなかったお客様
・言いだせなかったお客様
・新規のお客様で次回以降は継続が難しいお客様
はお断りすることも考えましょう。

　報告のときに、来年は受けることができないという話をしやすいものですが、可能であれば、入金があってからそういった話をしたいものです。
　回収のことも考えなければいけません。
　前受金という条件で仕事をしておくのが理想です。
　ただ、ここのタイミングで話すとしても、リストをつくっておいて、お断りする覚悟を決めておかないと、話を切り出すこともできません。

　そして、お断りをしたお客様、仕事と同じようなことを繰り返さないよう、営業方針を見直しましょう。

繁忙期になるような仕事の受け方はしないということです。

繁忙期になるような仕事とは、

・仕事量が多い

・記帳代行、手作業が多い

・ギリギリになってしまう（日々経理をしていらっしゃらない）

・頻繁に連絡がある

・忙しすぎる方

・所得税の確定申告の仕事

・12月から3月決算

というものが考えられます。

8.　それでも繁忙期になってしまったら

　本書を読み、実践し、十分に計画、投資、準備をしたとしても、繁忙期になってしまったらどうするか。

　また、本書を繁忙期中に手に取られた方もいらっしゃるでしょう。

　「繁忙期になっても効率化を諦めないようにしましょう」とは書きません。

　繁忙期になってしまってからでは、もう遅いからです。

　受験でも、トライアスロンでも、よほどの才能がない限り準備なくして成果はでません（私は税理士受験生に、「最後まで諦めないで」「なんとかなる」という言葉はかけません。準備ができていなければ無理だからです）。

もし、準備不足で本番（繁忙期）になってしまった場合は、「その次の繁忙期をなくす」という目標に切り替えましょう。

繁忙期をなくすというのはそれほど甘いことではありません。

私は、今でこそ繁忙期がありませんが、そのためにそれなりの血と汗と涙を流してきましたし、今もそうしています。

計画、投資、準備がなければ、到底なくすことはできないのは、前述したとおりです。

それでもなお繁忙期になってしまったときや繁忙期中に本書を手に取られた方には、次のことをおすすめします。

タスクを書き出す

タスク（やるべきこと）を一度書き出しましょう。

Excelでも紙でもかまいません。

そのタスクの優先順位、ボリュームを把握して、計画を練り直しましょう。

がむしゃらに突き進むよりも、時間をとって落ち着くことも大事です。

私も繁忙期ではありませんが、仕事がたてこみせっぱつまりつつあるとき、普段のタスク管理に加え、このタスク書き出しをやります。

30分でも十分できますので、ぜひやってみていただければと思います。

時間制限を守る

できる限り、仕事をする時間制限は続けましょう。

仕事が終わらない→延長するでは、効率化スキルは伸びません。

やむを得ない場合は、時間制限をやぶって、夜、土日などを使う必要があるでしょうが、ギリギリまで我慢して粘ることが次につながるのです。

くれぐれも、「繁忙期だから」という理由で、最初から仕事の時間を増やさないようにしましょう。

メモをとる

繁忙期中にメモをとるなんてできないと思われるかもしれませんが、メモを地道にとっておきましょう。

・何に時間がかかっているのか

・どの仕事が繁忙期を招いたのか

・どうすれば繁忙期を防げたのか

などをメモしていきます。

それを見返して、次こそは繁忙期をなくしましょう。

繁忙期が過ぎ去ってしまうと、その悔しさも忘れてしまいがちです。

そして、また繁忙期を繰り返すのです。

私を含めて、繁忙期をなくしたい人にとって繁忙期はミスであり敗北です。

プロとして失格とさえいえます。

少なくとも私は繁忙期がある方に仕事をお願いしません。

繁忙期があるということは、それだけ人気があるということかもしれませんが仕事の需給コントロール、時間管理ができていないという

可能性があるからです。

　繁忙期を避けられなかった悔しさを胸にきざんでおきましょう。

　今回負けたとしても、その次以降に繁忙期をなくすことができれば、それでいいのです。

おわりに

「繁忙期があれば売上は増えるんだろうな」
と考えることもあります。

税理士にとって、繁忙期＝書き入れ時だからです。

ただ、そのかわりに、私がやっていることを犠牲にすることはできませんし、そうしたくありません。
おかげさまで、独立して15年たち、悔いのない人生を送っています。

「繁忙期があれば売上は増えるんだろうな」
と考えることはあっても、悔いはありません。

次回の「繁忙期」も、私はそうではない自信があります。
それは本書にかかげたことを実践しているからです。
繁忙期なしで食べていくことは不可能ではありません。

本書で特にこだわったのは、9月発売にするということでした。

繁忙期対策をするには、ぜひとも9月から始めていただきたいからです。
それくらい繁忙期は大変なもの。
1月や2月に繁忙期対策をしようとしても限界があります。

本書の発売が1月や2月だったら、お断りしていました。

それくらい本気で、繁忙期をなくしていただきたいと思っております。
この「本気」が大事なのです。

本気で繁忙期をなくしたいと思えるかどうか。
「繁忙期がない税理士でいい」と胸を張っていきましょう。
周りと合わせる必要はありません。

「繁忙期がない税理士」「繁忙期を望まない税理士」は少数派です。
独立後は、少数派であることが欠かせません。
どちらにせよ少数派なのですから、自信を持って繁忙期がない税理士を目指しましょう。

いわゆる「繁忙期」に少数派同士で語り合うことを楽しみにしております。

著者紹介

井ノ上　陽一

効率化コンサルタント・税理士。
1972年大阪生まれ。宮崎育ち。
総務省統計局で3年働いた27歳のとき（2000年）に、生き方を変える
ため税理士試験に挑戦。3年後に資格取得、2007年に独立。

拡大せず、時間とお金のバランスをとる「ひとり税理士」を提唱。

税理士としての知識・スキルを最大限に発揮すべく、IT効率化ノウ
ハウを提供し続けている。

そのスタイルに影響を受け、独立する税理士も数多く、3,000日以上
配信し続けている無料メルマガ「税理士進化論」で、独立にむけて
のサポートも行っている。
ブログは5,000日毎日更新。

著書に『税理士のためのRPA入門』『リモート経理完全マニュアル』
『ひとり税理士の仕事術』『新版ひとり社長の経理の基本』『新版 その
まま使える経理＆会計のためのExcel入門』など。

ブログ「EX-IT」
（「EX-IT　井ノ上」で検索）

https://www.ex-it-blog.com/

メルマガ「税理士進化論」
(「税理士進化論」で検索)

YouTubeチャンネル『効率化コンサルタント・税理士井ノ上陽一の
仕事術』
(「井ノ上陽一　YouTube」で検索)

サービス・インフォメーション
━━ 通話無料 ━━

①商品に関するご照会・お申込みのご依頼
　　　　TEL 0120(203)694／FAX 0120(302)640
②ご住所・ご名義等各種変更のご連絡
　　　　TEL 0120(203)696／FAX 0120(202)974
③請求・お支払いに関するご照会・ご要望
　　　　TEL 0120(203)695／FAX 0120(202)973

●フリーダイヤル（TEL）の受付時間は、土・日・祝日を除く
　9：00～17：30です。
●FAXは24時間受け付けておりますので、あわせてご利用ください。

「繁忙期」でもやりたいことを諦めない！
税理士のための業務効率化マニュアル
～仕事のやり方を変えて、使える時間を手に入れる！～

2022年9月25日　初版発行

著　者　　井ノ上　陽　一

発行者　　田　中　英　弥

発行所　　第一法規株式会社
　　　　　〒107-8560　東京都港区南青山2-11-17
　　　　　ホームページ　https://www.daiichihoki.co.jp/

税繁忙期効率化　ISBN 978-4-474-07940-3 C2034（0）